全国小学生校园美文精品集萃丛书

七色阳光
小少年

U0723165

# 给生活涂上果酱

《语文报》编写组 编

时代文艺出版社

图书在版编目（CIP）数据

给生活涂上果酱/《语文报》编写组编. —长春：时代文艺出版社，2018.8（2023.6重印）
（"七色阳光小少年"全国小学生校园美文精品集萃丛书）

ISBN 978-7-5387-5856-6

Ⅰ.①给… Ⅱ.①语… Ⅲ.①作文－小学－选集 Ⅳ.①H194.4

中国版本图书馆CIP数据核字（2018）第114679号

出 品 人　陈　琛
产品总监　郭力家
责任编辑　李荣峚
装帧设计　孙　利
排版制作　隋淑凤

# 给生活涂上果酱

《语文报》编写组　编

出版发行/时代文艺出版社
地址/长春市福祉大路5788号　龙腾国际大厦A座15层　邮编/130118
总编办/0431-81629751　发行部/0431-81629758
官方微博/weibo.com/tlapress
印刷/北京一鑫印务有限责任公司
开本/700mm×980mm　1/16　字数/153千字　印张/11
版次/2018年8月第1版　印次/2023年6月第5次印刷　定价/34.80元

图书如有印装错误　请寄回印厂调换

# 编 委 会

# 目 录

001

## 看花　听雨　静心

## 顺着月光走

## 敲开睿智之门

## 心中的天堂树

# 携一缕"阳光"奔跑

　　如今的我，最喜享受沉浸在书中的感觉，怡然自得，正如黄丽娟在《携一缕阳光奔跑》后记中写的，读着书，一颗浮躁的心也会随之慢慢安静下来，就像一株植物，缓缓释放淤积了一天的负能量。心静了，天地远了，灵魂自然有了香味。

　　品一缕书香，携一缕"阳光"，让我们一起奔跑！

# 携一缕"阳光"奔跑

姜宇杰

阅读是人们进步的阶梯，它带领着我们通往知识的大门。而我想说，书本就如一缕阳光，温暖我们的心灵，品着书香，就犹如携一缕阳光，在人生的路上，才能奔跑得更快，更远。

其实，小时候的我并不爱看书，书在我的眼中那就是一头猛虎！

记得小学三年级时，老师在暑假期间，阅读一本叫《爱的教育》的书。当时的我，并不爱读书，不仅如此，我对它恨之入骨，因为不仅浪费我玩的时间，还要干坐在那里，那密密麻麻的字如同千万只蚂蚁般啃噬我的心，让我痛苦万分。每次看书，没过多长时间，便如坐针毡，东摸摸，西摸摸，当然，到学校里老师检查时候，问我们书中的内容，我向来也是一问三不知的。

当老师知道这一点后，就要求我必须要在家长的监督下，一字一句仔仔细细地看过去，并且每一章节看完之后都要写梗概，写感受。那时的我，内心是极为抵触的，每次看书，心里总是充满怨恨，私底下总会调侃道："又要看书老虎了！"

然而，经过岁月的冲刷，我对阅读有了新的看法；慢慢地，我喜欢沉浸在书中的感觉。

每天晚上晚自修回来，完成作业之后，便躺在床上，悠然自得地欣赏着小说文字背后主人公的魅力，散文文字背后生活的哲理，生命的真谛，甚至也爱读一读诗歌，沉浸在诗的意境中……我不再被强迫着阅读，有时还会心有触动，动手几下心得，将生活的点滴美好记录在本子上，永久珍藏在心中。

是的，书本不再是老虎，而是温暖人心的阳光。

当周末、假期时，我会拿着我的书走到附近的公园里阅读。寻一处树荫坐下，品着黄丽娟、林清玄等的精美散文，感受着风轻轻吹过面庞的那种温柔，接受着一次次爱的洗礼。印象最深的是黄丽娟的散文，虽然篇目短小，可是却是那么贴近我们的生活，那一个个文字总是富有魔力一般，如同阳光一般照亮我们的心田，让困顿的我重现激情与活力，就如书名一般，携一缕阳光开始奔跑。时光匆匆，每次一看就是一整个上午，或者一整个下午，直至肚子开始咕咕叫才依依不舍地回家。身处大自然中，沉浸在书的海洋里，品着书本散发的香气，是我最喜欢做的事！

如今的我，最喜享受沉浸在书中的感觉，怡然自得，正如黄丽娟在《携一缕阳光奔跑》后记中写的，读着书，一颗浮躁的心也会随之慢慢安静下来，就像一株植物，缓缓释放淤积了一天的负能量。心静了，天地远了，灵魂自然有了香味。

品一缕书香，携一缕"阳光"，让我们一起奔跑！

# 我 的 妹 妹

徐葭沁

乌黑浓密的刘海下，一双明亮的大眼睛，忽闪忽闪的，清澈的眼眸中流露出天真快乐；白里透红的脸上，一张樱桃小嘴不停淘气地吐着舌头。

双眼睁得愈发得大，渴望般的眼神望着你，泪水似乎要流出来了，天哪，这小家伙什么时候会卖萌了！"姐姐，我要吃糖果！"稚嫩但又清晰的声音在我耳畔响起。"不行，你妈不让你吃的！"我一口回绝。"那，那我告诉姨妈你欺负我了。"我的确上次打了妹妹的屁股，但欲哭无泪，只好把"德芙"交给了那贪吃又十分精的小家伙。哦，忘了说，那是我五岁的表妹——徐亦笳。

明明是个很贪吃的小家伙，为什么身材仍是好呢？我嫉妒。明明内心"阴险"爱装萌，却讨得大人们喜欢，我不爽。于是，我想好好报复这个小鬼。

我笑呵呵地跟妹妹说："我们来玩游戏吧，输的人陪赢的人玩一天。"果然是乳臭未干的娃子，她兴高采烈地答应了。我先让妹妹躲，假装把眼睛蒙上，看妹妹进了客厅，我也偷偷地跟着，这不，才几秒，妹妹突然不见了，我于是翻遍了客厅，累得气喘吁吁，一屁股坐在沙发上。突然，一个熟悉的身影从厕所溜了出来，她似笑非笑地说，姐姐你偷看。我心虚，大惊道："胡说，我数错了时间，走，我们到门口重来！"

这次换我来躲，这童年时玩了几年的游戏哪能难倒我，我几眼便发现了一个极隐秘的车库，溜了进去。不一会儿，我听见又小又轻的脚步声从身边经过，我不禁偷笑：哈哈，找不到我了吧。又过一会儿，这丫头不找了，居然蹲在地上大哭："姐姐，你出来，以后亦笛什么都听你的，我，我最喜欢姐姐了！"最后一声十分轻，十分羞涩。我也脸红了：这个与自己至亲的女孩儿原来那么喜欢自己，唉，自己还想玩弄她。天真的我踏出了步伐，瞬间，没有哭声，只有喊声："找到了，我赢了！"妹妹大叫。我满脸黑线，这样作弊也行！无奈，我只好带妹妹去公园玩了一天，这个腹黑小孩儿！

妹妹是射手座的，前几天在报纸上看见射手座智商很高，我不禁寒噤道："咱家真是人才辈出，这么个聪明的孩子在我们家，我怎么办？"不过，我还是很喜欢这个妹妹的，她长相清纯，偶尔捏捏手感还是不错的，有时与她斗斗情商与智商也还不错！

# 开心果雨萱

吴雨淅

我的妹妹叫雨萱，大家都叫她"萱萱"。

她是个非常可爱的小女孩儿，仅有七岁。她那与众不同的发型——前半部刚到下巴，后部则是短短的，就让她成了同龄女孩中的焦点。然而，更让人赞不绝口的是她那白里透红的皮肤。不管是自家人，还是陌生人，只要一见着她，就忍不住地说：哇！这个小女孩儿的皮肤真好啊，简直就是剥了壳的鸡蛋嘛。还有那双水汪汪的大眼睛，总是忽闪忽闪地；长长的眼睫毛微微有点儿翘起，像是戴着假睫毛似的，双眼皮。每当她笑的时候，嘴巴就变成了一轮明月，露出了两排银白色的珍珠，闪闪发光。

萱萱，她不管在哪儿，都是一个开心果。

其一就是特别"老劲"（衢州话，即老成样）。还记得有一次，妈妈叫我们一起出去走走，我说我要扎一下头发。只见萱萱也跟着过来。妈妈就说："萱萱，你总不会也要扎头发吧。""我上厕所啊，总不会连我上厕所你也要拒绝吧。"顿时，我们笑了——说的这是什么话啊，还"拒绝"呢。其实在我看来，长辈们被她弄逗笑的原因不仅是她说的内容，还有一点，就是她脸部的'诱惑'——实在是太可爱，太美了！

她是开心果儿的第二个原因就是她特别"好学"。就拿识字来说吧，不管是在什么时候，什么地方，只要她看到字，就会念出来——说明书、指路牌等等都是她识字的对象。遇到难认的字，她就是第二个"小燕子"：有偏旁念偏旁，无偏旁念中间，也因此闹了许多笑话。但是她不怕我们笑，第二次照样，而我们也一次次帮她纠正。在我的印象中，每次去超市，她要做的第一件事是拿书，然后坐在购物车上手点着书本，一字不落地看过去。每当她把书看完时，而我们也正远离了图书角，也就是说我们不愿陪她回去拿书。这时，她便开始"动"了——扭来扭去，东摸摸西摸摸……总之，在超市没有书是不行的。就这样，她认识的字是同龄孩子中最多的，我认为。

因为好学所以好问——只要是她不懂的，她立马就问。记得有一天早晨，她从我房间跑到了妈妈的房间，躺在床上，两腿伸得笔直，两眼瞪着天花板，问爸爸："爸，死不瞑目是什么意思？姐姐说是人死了，眼睛是开着的，是因为他不想死，这就是死不瞑目，对吗？"爸爸也许被她弄得神还没缓过来，就随便说了句："差不多吧。"

瞧！又有人在剥她这颗开心果儿呢！——总之，有她在的地方，就有欢乐。

# 有趣的范旭程

### 祝心成

同学范旭程，他是一个乐观的人，他是一个有趣的人，他是一个无聊的人……有关范旭程的评价，犹如沙漠里的沙子——数都数不清楚。

范旭程身体微胖，不高不矮；头上是一片短短的草地。小小的眼睛不一会儿就成了一条线，小小的嘴巴不一会儿就往上翘了。吃饭时，白白的米粒总是他脸上少不了的装饰物；午自修时，他总是在做着作业，脚垫在屁股底下，双目炯炯有神地瞪着题目思考……

在作业实在做不下去的时候，范旭程会把眼睛睁得圆圆的，嘴角向下弯曲，可怜巴巴地望着我。如果我对他反应冷淡，他就会抱紧我的大腿，惹人怜爱地望着我；如果我还不理睬他，他就要开"哭"："哇！你要是不教我，我就抱着你的腿不放开……"折磨得我只好先放下手头作业教他。当他会做作业时，他的脸上就挂起他的招牌微笑：双眼一眯，嘴角一翘，一副可爱的样子。

在一次体育课上，我们练习投球。因为人多球少的缘故，范旭程

携一缕"阳光"奔跑

特别担心心爱的球儿被别人抢走。在投球后，球还没有飞到篮板上，他已飞在篮球架下，对着蓝天，伸出双手，等着接球……终于，在一次集体投球中，他的头被球砸了至少五次。但是，范旭程竟然用脸上的两条线和向上翘的嘴巴面对我们，还与南子航开着玩笑……

范旭程特别喜欢吃肉。我们一起吃饭时，他总爱目不转睛地盯着人家饭盘里的惹得他受不了的肉块，趁别人一不注意把头转到后面时，那块肉便被范旭程夹走，以"迅雷不及掩耳之势"进入了他的肚子里。"你烦不烦，范旭程！"倒霉的"失肉者"惨叫道。只见范旭程用他那微笑对着"失肉者"心平气和地说："一点儿也不烦啊……"

正是这些特点，才会使范旭程如此有趣；正是这些特点，才使范旭程如此生动，独一无二。

008

# 他　们

叶鑫淼

世界上有这样一堆神奇的人类，他们无孔不入，无隙不钻，无"恶"不作，让人又爱又怕，最恐怖的是大人还非常喜欢他们，没错！他们就是传说中的表弟表妹们！大家不妨看看我那惨烈的战况。

NO.1当表弟来时……

"哇！姐，你的沙发好软啊！"弟弟在沙发上又蹦又跳，在那雪白的沙发上留下一串一串明显的黑脚印，我跟在他旁边跑着阻止他那

"恐怖"的行为，"快下来，很危险的！"然而，弟弟却在沙发上一蹦，跃到了另一边去了。在另一边的沙发上留下了那黑乎乎的脚印，"不！不！不！"我仰天长啸，他不用那么着急吧！连鞋都不脱直接在我的沙发上又蹦又跳，哎！这可是要我洗的啊！"白敬霆！"我生气地叫出了全名，"你快给我下来，我保证不打死你！"弟弟闻言朝我做了个鬼脸。"姐，你是抓不到我的！来抓我呀！"他索性在沙发上又跳几下，这才跳下沙发往外跑去，看着沙发上新增的黑脚印，顿时，我感到欲哭无泪！

战况：本人，败。弟弟，完胜！

NO.2当表妹来时……

舔着刚买的冰淇淋，我喜滋滋地走回家。"姐！你回来啦！"只见一个不明物体冲了过来，抱住了我！不好！调动了全身的感观，我激敏地感受到，我那贪吃表妹又来了！（咳咳，插一个画外音：吃货与吃货之间的巅峰对决，谁才是最后的赢家？）我忙护住冰淇淋。果不其然，妹妹眼睛直勾勾地盯着我，不！准确的应该是我手上的冰淇淋。"姐姐，我饿！""喏，桌上有水果！"我敷衍着说。"不要！"妹妹抱住我，撒娇道，"我要吃那个嘛！"只见她手指着冰淇淋。"我拒绝！"我义正词严道。要是让她吃一口那还得了，怕是整个冰淇淋都会被她吃光吧！"看！姐姐看外面！"妹妹大叫道。"切！我才不会上当呢！"这"调虎离山计"对我没用，好歹我比她可多活了好几年！"不是啦！姐姐，你看！你看新郎新娘在拍照耶！"我的好奇心瞬间被勾起，但为了冰激凌，我什么都能忍！妹妹看见我这般，便说："哇！新娘好漂亮！""哪儿？在哪儿？"这下我可忍不住了，直往窗口探看。顿时，我突然感觉手上有什么在动，哦！不！妹妹，她把我的冰淇淋，偷——吃——了！！！可恶啊！然而，当事人却一溜烟跑没影了！

战况：本人，完败。妹妹，完胜！

你们说说，这一堆人是不是很恐怖？真让人又爱又恨！哎呀，不好，他们合伙来了！我先跑啦！嘘！别告诉他们，我在哦！

# 小乌龟"吴籽军"

吴籽毅

我叫吴籽毅。我养了一只小乌龟，取名"吴籽军"。这个名字是有来历的：姓吴，说明它是我们吴家的一分子；"籽"字说明它的辈分与我相同；"军"是因为它身穿一件深褐色的格子"外衣"，油光闪亮，像是一位穿着"铠甲"的将军。"吴籽军"因此得名。

"吴籽军"有三角形的小脑袋，芝麻粒般的小眼睛。俗话说"小眼聚光"，你看，它的眼睛炯炯有神，像火眼金睛一样。它的"外衣"上有十来个六边形的格子，看上去就像背着一块棋盘。四条小短腿，扁扁的，像小船的桨。有趣的是它的尾巴，左右摇摆，似乎可以控制方向。

星期六，我把"吴籽军"从盒子里拿出来陪我玩。它总是跟在我后面，我往前，它就往前；我往左，它就往左，真是一个小跟屁虫！忽然，它看见了凳子，就想往上爬，可是它仰起脖子，伸直了小短腿，一遍又一遍地爬，还是没爬上去，急得团团转。它晃着小脑袋，眨着小眼睛，好像在说："怎么上不去呢？怎么上不去呢？"

我在旁边，禁不住笑了起来。它看了我一眼，好像在生气地说："吴籽毅，你真坏，竟然笑我，我再也不和你玩了。"我连忙说：

"对不起，我再也不笑你了。""吴籽军"好像没听见似的，把头缩回"铠甲"里，生闷气去了。这时，我慌了，蹲下来和它说了一大堆好话。它还是缩着头，一动不动。我也生气了，说："爱玩不玩，不玩就算。"说完，我扭头就走。

我刚走两步，"吴籽军"就慢慢地探出脑袋，跟了上来。我往前，它就往前；我往左，它就往左，好像刚才什么事都没发生一样。

# 家有小宠

杨阳阳

家有小宠，唤作"马路"。

马路虽性子乖张，却极爱惹是生非。赶鸡撵鸭，无所不干，它是院中的一霸。每天嚣张得横着走，纵着跳，没有一刻消停。

秋天的后院是马路的天下，吃野草，刨地瓜，蹦跶着去够树上的各种果子。追蝴蝶，扑蜻蜓，闹得人都没了脾气。马路最了不得的爱好还是捉蚂蚱。

这种能蹦会跳的小玩意儿极大地吸引了马路，马路喜欢得不行。在每一个给它捉完虱子的阳光午后，它像一只潜伏在草原上等待猎物的猛兽一般，极为有耐心地等着蚂蚱的出现。

但是，马路全身毛色金黄，在一片绿色中极为显眼。蚂蚱也不傻，总能早早地发现马路的存在，然后在马路毛茸茸的嘴探过来之前，蚂蚱早抬起它们粗壮的后腿，一蹦三尺高；在马路眼皮子底下，

携一缕"阳光"奔跑

旁若无人地跳走。马路这下可就急躁了，忙追，盯看蚂蚱过于入神，竟忘了自己原本的走路姿势。只见它像蚂蚱那样抬起后腿跳了起来，结果，不出所料地摔在了草地上，却摔出了一片蚂蚱。因祸得福，这下马路可乐了，它也顾不得一身的杂草和鲜绿的草汁，忙向蚂蚱们扑去。马路滚了一身泥，在太阳剩下最后一点余晖的间隙摇摇晃晃地回家。

当然马路也有安静的时候。当树叶一片片飘落时，当风儿一天天凛冽时，马路就收起了闹腾的性子。像每一个小孩子穿好冬衣一样，它乖乖地让我把它裹成一个粽子。在每一个有阳光的午后，它像一只小猫一样将自己缩在我怀里，依恋地蹭着我的手。毫无戒心，毫无防备，任我抚摸着。

阳光下，马路呼呼地酣睡起来，它已经安心地睡成了小猪模样。我怜爱地看着它，眼前想起马路刚来家时的模样，心里不免痛了痛。

马路初来我家，才刚断奶，小的不得了，捧在手上让人心疼得要命。

阳光穿过玻璃窗，映照在马路身上，马路还是小小的模样。我猛地抱紧了马路，怕下一刻它就消失。

# 强者骆驼

涂　冰

浩大的戈壁滩时而静悄悄的，静得让人窒息，偶尔一股旋风卷起一柱黄沙悠悠升空，更有一股莫名的静寂气氛；时而大风鸣呼挂起，席卷着数吨黄沙一直呼啸着奔向远方，沿途撕裂、泯灭一切生物，形成令人望而生畏的沙尘暴。

在这强大的力量面前，仍有不服输的生物——骆驼。他与这疯狂的沙尘暴抗衡着，虽然低下了它的头颅，但它的精神头颅却一直高昂着，不肯对此折服。

一会儿风势稍减，它便抬起宽大的蹄子在沙风石雨中行进着；一会儿风势骤然增大，它便四膝下跪，迎着风暴，低下脑袋，闭上眼睑——它不是向苦难低头，而是对饱受折磨的大自然保持着一份应该有的敬畏。

"呼噜——呼噜——"，在骆驼低沉的声调中——充满着对沙尘暴的渴望！在这叫声中，沙石们听出了愤怒的力量、热情的火焰和胜利的信心。

沙漠的蝎子一看见远方咆哮的沙尘暴，立马就钻进它们早已挖掘好的"防空洞"。当沙尘暴呼啸而过时，它们躲在沙子中呻吟着，呻吟着，它们在沙层中毫无头绪地挖掘，想把自己对沙尘暴的恐惧，掩藏在沙漠的深处。

而骆驼呢？当远方的沙尘暴通过阳光折射进它的视网膜中，它便兴奋地"呼噜呼噜"，鸣叫完了便通过声带咽回去。然而，我们并不难发现骆驼叫声中蕴含的渴望。正如一个士兵渴望冲向战场，在战斗中留下伤疤；骆驼也渴望如此，它们渴望通过沙尘暴的磨炼，在强者之路上越走越远。

# 酷儿

徐 悦

在我的家中，养了一条棕毛小狗，我给它起了个名字：酷儿。在我的眼中，它已不再是一只宠物，而是我亲爱的妹妹，我的家人。

酷儿活泼可爱也调皮，身手矫健。有多少次它想进家门，奈何家门未开，它便纵身一跃，从防盗纱窗门离地一臂高的空隙中跃了进来，硬生生将纱门撕开了一个大洞，令我们哭笑不得。当我在吃东西时，它便会摇动着毛发松舒的尾巴，用那对散着金光的眼睛直勾勾地看着我，吃货本性原形毕露；而喂它时，只需将食物用手拿着在齐肩的高度，它纵身一跳，手中的食物便消失了。每天放学我回到家附近，酷儿便飞奔到我面前，摇着尾巴，屁颠屁颠跟在我后边，送我来到家门口……

但酷儿初来我家时，却不是与我如此亲密，它可是一个极其羞涩的孩子呢！

那日，爸爸拎着一个小袋子走进我的房间，随后从袋子里摸出一团毛茸茸的小肉球，我定眼一看，呀！好可爱的小狗！我立即伸手将肉球接了过来，捧在手心，那时的酷儿眼睛还没有睁开，它只是用那如黑珍珠般灵巧的小鼻子小心翼翼地嗅着我的味道，温热而湿润的触感在我的手心、指尖蔓延开来，一股酥酥麻麻的感觉涌上心头，我也不禁低头去闻一闻它身上的淡淡奶香。

我将它放在床边，伸出手轻轻抚摸着它毛还未密的背脊，仿佛在触摸什么珍宝。但它的身体却剧烈地一抖，随后嘴中传出细细的哀嚎声，短小的四肢不再安分，而是拼命地向后踢蹬着，如迷茫找不到妈妈的可怜孩子一般到处爬着，直到它的头碰触到了墙角，它才停止，随后它将自己缩成一团，夹着尾巴，不停地颤抖着……

我知道现在的它是多么需要母亲在身边，可我却因为自己单纯的喜欢而让它与母亲分离，多么的残酷，它害怕我也是理所应当的。所以我下定决心要好好照顾它，从今往后，它，就是我的妹妹！

我将酷儿小心地捧出墙角，放在自己的大腿上，并用食指触摸它的小脑袋儿，对它低喃道："不要怕哦，不要怕……姐姐在这里哦！"待它渐渐停止颤抖后，我把它放到地上，但它又立即恢复方才的模样，挣扎着向墙角爬去……

一连几日，酷儿都一直避着我，只有在阴暗的墙角才能看见它颤抖着的小小身躯。但我也十分有耐心地趴下来找寻着它，将它抱在怀中，希望可以给它温暖。

直到一个星期后的一天，我放学回家，便趴在地上到处找寻它的踪迹。只听得身后有几丝软弱的"哼哼"声，回眸，只见酷儿正伏在我的大腿边，那小尾巴羞涩地摇摆着，似乎是在欢迎我回家。那一刻，我的心底涌上一股欢乐的暖流，混杂着满满的感动。我微笑地捧起酷儿，用宠溺的口气说道："小家伙，你终于知道我的好了吧？嘿嘿……"

那一天的我，很幸福，因为我可爱的"妹妹"酷儿不再是一味地躲着我，而是愿意主动亲近我，显示了它对我的信赖，让我心中涌起无尽的欢乐波浪。信赖，真好！

亲近是信赖的表现，而这种信赖给予我的是夹杂着暖暖感动的欢乐，当然，这种信赖来之不易，只有用自己发自内心的真诚和脚踏实地的行动才能换来这种奇妙的情感，一味地伤害和不知悔改只会背道而驰。

酷儿，我亲爱的"妹妹"，教会了我这个道理，给予了我这种奇妙的感情，我将一生珍惜不尽！

# 折磨人的午睡

魏雨洁

午睡铃刚响过，我就觉得有点儿不对劲。

奇怪，别人的眼皮如同涂了强力胶水一样合拢了，而我却犹如吃了大量兴奋剂，烦躁不安。刚闭上眼睛，又不可控制地睁开了，心里浮躁得好像有许多山蚂蚁在爬。我偷偷摸摸看了一眼手表，发现还要再过一个小时才下课，也就是说，我的痛苦时间还有一个小时哩！

实在无聊，我只好看墙上的一幅画。可仅仅看了几分钟，我又感到无比乏味——一幅小学生的美术作品能给人类带来多大的乐趣呢？我的头如同一只在地上打滚的驴，不停地在桌面上翻来覆去，转来转去，就是找不到一个适合自己的睡觉姿势。

午睡过半，大部分同学都已完全进入甜美的梦乡，只有我和少数几个同学在无情的现实中徘徊。我闲着无聊，在前面同学的背上用手指抠来抠去，逗得他张着嘴无声地大笑。此刻，我就像沙漠中干渴的旅人意外发现了水源，烦躁的心瞬间得到了慰藉。正玩得不亦乐乎时，老师突然出现在讲台前，我们只好中断这场乐趣无穷的游戏。

被无聊折磨得头皮发麻，我的身体仿佛已经不受大脑的指挥了，手不由自主地伸进抽屉里，摸索了一阵，竟然抽出一本《小学生时代》来——这本我平时难得去翻的杂志，现在对我产生了莫名的吸引力。我像小偷一样，津津有味地看起来。没想到值日班长贵恬竟变魔术一般，突然出现在我面前。她将手伸了出来，企图把书收走。我将书紧紧捂在怀里不放，两人陷入一种争执不下的尴尬场面。直到贵恬跑上讲台去报告老师，我才觉得自己似乎的确有点儿胆大妄为，只好忍气吞声地乖乖把书递给了贵恬。"切！不就一本书嘛！我不在乎！哼！"我小声地在私底下低声细语着。

终于，下课铃声响了！哎！折磨人的午睡终于结束了，好累啊！我伸了个懒腰！现在我想好好睡一觉！

# 专属报刊里的限量版童年

兰江晶

闲来无事打扫已落满灰尘的书柜，发现小角落里还有一摞老旧的杂志，拂去灰尘，竟发现是小时候最爱看的《我们爱科学》，熟悉的字眼、满是记忆的封面又把我的思绪拉到了童年。

小时候在一个挺偏远的小村庄上学，外公是那儿的老师。那时物资并不丰富，很少会有条件订阅报刊，而我却很幸运地有了这个机会。记得那一天，外公把我叫到他的办公室，我一眼就看见了外公电脑屏幕上的一张表格，里面写满了五花八门的报刊种类。"挑一样吧。"外公笑着看着我。我思索了挺久，眼神在那一幅图片也没有的表格中游离，最后单凭感觉在那些密密麻麻的字眼中选中了一本叫《我们爱科学》的杂志，从此便与这份报刊结了缘。

也许是因为这是全校仅有的一份而且只属于我的报刊，我便对它格外珍惜。当邮递员第一次把《我们爱科学》送到传达室的时候，我觉得自己是最幸福的小孩儿。捧起属于我的第一份报刊，细细抚摸后还不舍得翻开，那一期的封面是一束裂瓣朱槿，那一抹浓艳的红色照亮了我儿时的心房。

报刊每半月发行一次，在那漫长的十五天中，我就一遍一遍地翻着上一期的内容，一遍一遍问着报刊什么时候才送来。每一次漫长的等待，每一次收到时的惊喜，都构成了我童年必不可少的一部分。小小的村庄里，小小的我捧着一本大大的杂志，就着布谷鸟的歌声，我看到了那些令人发烧的新鲜事儿，看到了闻所未闻的科技展品，看到了古往今来，领略了大千世界，这本杂志就像一扇门，让我看到了世界的另一种可能。

小时候最爱玩儿，所以每期杂志上的科学小实验我都忍不住去试一试，从最初的四处搜刮皂角吹泡泡到制作"隐形药水"，我都玩得不亦乐乎。各种东西调在一起，一边捧着这本"智慧百科"，一边用木棍搅一搅，再配上几句自己的魔法咒语，感觉自己就像一个小小魔法师。

小时候也最爱吃，所以每当看到杂志中"行走的餐桌"版面，我总缠着外婆给我做杂志上的美食，外婆做不来韩式的泡菜、冷拌面，更不懂什么是泰国的粿条、肉燥馄饨、牛杂汤，但每当我翻开杂志央求外婆时，她总会试着去做一做中国版面的锅贴、肉饼，我总能因为这本杂志而吃到各种各样的美食，因而这本杂志对我而言也有一种外婆的味道。

那份我的专属报刊，让童年染上一层限量版般的色彩，它是我孤单时的陪伴，也是平凡中的珍贵。

那一摞杂志已经旧得泛黄，可我还是舍不得扔。"留着吧"，我对自己说，"至少在你还没长大的时候，它会是你的限量版。"

# 石头剪刀布

郑佳佳

"嘀嘀……"一阵刺耳的喇叭声在我的耳边响起。我寂寞地站在马路边，等着公交车。

"石头剪刀布"，耳边忽然想起一个稚嫩的声音。我心中感到十分的诧异，是哪一个小孩儿在玩这个幼稚而又简单的游戏？

哦！原来是一个只有四五岁的天真小女孩儿，正努力地昂起头，睁着大大的黑珍珠般明亮的眼睛，望着一个十五六岁的少年。只见那哥哥蹲下来，宠溺地看着可爱的妹妹。和妹妹一起玩这个简单的游戏，脸上没有一点不耐烦。我呆呆地看着他们，思绪渐渐飘到从前……

阳光无情地烘烤着大地。三个六七岁大的小女孩儿在一片树荫下，好像在争吵着什么。不知是因为天气本就热还是因为争吵，三人的脸蛋红扑扑的。一切归于沉寂，只剩几声蝉的鸣叫。这时，一个穿着绿色T恤的女孩儿欣率先打破了沉默："好了，我们用剪刀石头布来决定，谁赢听谁的。三盘两胜。"另外两个小女孩儿异口同声说："好啊！"最后好像是那个穿着米黄色连衣裙的女孩儿紫赢了吧，她得意扬扬地看着两个伙伴。那个穿着一身白色休闲服的女孩佳对着紫无奈地说："啊！就不应该选这种方法，每次都是紫赢，她为什么每次运气都那么好啊！"然后幽怨地看着欣，似乎在埋怨她出这个主意。欣不好意思地挠挠头笑了……

时光飞逝。

一阵清冷的秋风吹过，树上那本就枯黄的、毫无生机的叶子随着风在空中翩翩起舞，不一会就飘落在地。这样的景象只会给人增添一份伤感吧！那三个可爱的小女孩儿已经变成了三个十一二岁的小姑娘了。脸上少了一抹儿时的天真，褪去了稚气。此时，每个人的脸上都有一抹淡淡的忧伤，却仍在强颜欢笑。在同样的树下，同样的衣服，一草一木皆不变，只是物是人非。

仍是那个穿绿色T恤的欣先开口道："你们这是怎么了，不就是我要去杭州了，紫要转学了吗？又不是生死离别。"我们都被欣逗笑了。紫也笑着说："那你们可不许忘掉我。至少，不能在我忘掉你们之前忘掉我。""我怎么可能先忘掉你们。到时你们两个没良心的不许忘了我。"佳故作生气的样子说。"要不我们再玩小时候的游戏吧——石头剪刀布。谁赢谁就要长大后就要找到另外两个。"欣提议道。佳和紫微微点点头。从前，玩这个游戏，总是希望自己可以赢；现在，却期盼自己可以输……

最后，胜负没有分出。但我们在那落叶满天飞的季节，互相许下了长大后一定要找到彼此的承诺。

……

"呵呵！呵呵！"一串银铃般的笑声将我的思绪拉了回来。哦，原来是那位少年抱着那个天真、可爱的小妹妹回去了。小女孩儿在哥哥的怀里笑得很灿烂，一如那个午后我们的笑脸。我又想到了那个承诺，我们真的会相遇吗？我心里有些不确定。不，一定会的，一定会相见的。总有一天我们会再在一起玩那个简单得不能再简单的游戏——石头剪刀布。

"嘀嘀！"哦，车子来了，我再次望向那背影已模糊的兄妹，然后转过头，上了车。

# 儿时的花朵


黄慧芳


"石头剪刀布——石头剪刀布——"

记忆如深潭，不知那是多深的地方——只是一次又一次地回响着这串串稚嫩的声音。

我是那样好奇，追寻着，向它走近。我静静地听着，灵敏地捕捉每一个掠过耳边的童音，我想，那定是世上最美的声音！

"石头剪刀布——石头剪刀布——"

是的，找到了，我找到了！眼前是一群稚嫩的孩童，在嬉戏，在玩闹。他们是那样天真无邪，那样无忧无虑。

红扑扑的脸蛋，绽放着如花的笑容，春日下，那样甜蜜；空气中充满了他们的欢笑声，洋溢着童年特别的，也是童年唯一的，美好气息。

他们在玩耍——"石头剪刀布"。

一种简单，而又并不乏味的游戏——对于天真童稚的孩子们来说。

看，他们正在变着花样玩儿！有用手比画的，也有用脚比画的，有单手的，也有双手一起的……各式各样。

若只是说说，或是听听，你也许真的体会不了他们的幸福，也不会懂得，这"石头剪刀布"所带给他们的无限乐趣。

不错的，正是这"石头剪刀布"给这春天更增一份生机，给这世界更添一道绚丽；让生活更加欢乐，让生命更加多彩；使他们的今天别样精彩，使他们的明天充满希望——是这个小小的游戏，充实了他们的童年，丰富了他们的人生。

看看，看看，他们玩得多开心！不计较任何所谓的输赢，没有较真，没有赌气，有的是笑容；美丽的笑容，像花一样绽放在这暖暖春日之下。

我看着，笑了，跑过去，想和他们一块儿玩，但，当我跑到那儿，一切都是子虚乌有，如同云雾，缥缈的，美丽的，却摸不着——噢，那只不过是我的灵魂在记忆深潭中的一次旅行——不存在的——不，是真实的，只是过去了，是童年，是梦。

童年，是生命中的彩虹，清泉，蒲公英，尽现真善美。

唉，多想再玩玩那个游戏，但繁重的学习却断了我的念想。不过，也罢。我想，就算再次体验，也不会再有那时的感觉了吧！

石头剪刀布，随着童年的离去而没有了影子；童年，随着石头剪刀布的离去也没有了影子。

"石头剪刀布——石头剪刀布——"这串稚嫩的童音反反复复地在耳边回响，心头久久难以平静。

毕竟……

毕竟……童年走了，我已经长大了。

"童年"——我只能在此深情地呼唤一声。

# 成长是勇敢地迈出步

周星月

在六年级的一节体育课上，我们在鲜红的跑道上迎着阳光向前跑着。而三、四年级的同学正在操场上接受教官们的严苛军训。

因为老师没有盯紧，我们的队伍便开始了嬉闹。我的一个好朋友也和我玩了起来，估计大家都忍受不了这无聊的慢跑吧。

阳光正对着我们，我的影子便被拖得很长很长，朋友唤我扭头去看自己的影子，我便转头去看，也不顾前方。正看得起劲，突然，只觉得我的身体与另一个物体猛烈碰撞并产生疼痛感，肌肤的温度与另一个摩擦产出灼热的感觉。

等一片空白的脑子缓过神来的时候，我才得知——我撞倒了人。他是被教官罚站在跑道上的一位同学。那时他正顶着烈日挺胸站着，却不料被一个眼睛朝后看的女生，也就是我撞倒了。这突如其来的"灾难"来临后，我的笑容顿时僵在硬邦邦的脸上，额头上也有颗颗豆大的汗珠，心蹦跳得厉害，似乎随时都可以跳出来；脑子里更不用提了，除了混乱还是混乱。

突然，脑海里冒出一个念头"逃"！趁他们还没发现时赶紧跑走吧。

有了这个念头的我，身体便不由自主地迈开步伐，舞动双手向前逃跑。但是，我的腿上似乎挂着一条沉重的锁链。这条锁链是这么的坚固，使我挣脱不开。这坚固的锁链锁住的是我的双脚还是我的心？我不知道，风拂过脸颊，虽然是夏天的热风但吹到脸上是多么冰凉啊。我一边跑着，一边回过头去看看他的情况。

此时，我看见被老师扶起的他，脸上挂着泪水的他。我逐渐放慢了脚步，慢慢地，慢慢地，我停了下来。我低垂着头，沉思着：我这样做，真的可以吗？一味地跑，一味地逃避吗？但是不知道为什么，心里这么的紧张，这么的仓皇，令我难以平稳呼吸。这压抑的情绪似乎要令我窒息。我为什么要害怕？明明是我先撞到人的，为什么要跑？为什么当时会有逃的念头？我难道就这么窝囊，这么懦弱，这么不敢去承担我应承担的责任吗？我已经是六年级的学生了，是可以被他们叫作大姐姐的人了，我为什么要逃？走吧！回去！回去你该回去的地方。

我转过身，不再低垂着头，我坚定地看着前方，攥紧拳头，毫无迷茫向前方跑去。我迈出步，迈出一大步，脚上似乎比刚才轻松多了。内心压抑的情感已如过眼烟云消散了。锁链解开了。我快速舞动双手，迈开那一步步毫不迟疑的脚步，冲向那个光明的前方。

那次，我为我的抉择感到骄傲。虽然耳朵受了点折磨，但是没有关系，因为我长大了，我可以独立去面对挫折并战胜它。我迈出的小小的一步，证明了我已经长大了。成长就是勇敢地迈开步。

# 成长的印章

张樟怡

幼时的我，懵懂而任性，对妈妈没有最基本的尊重。妈妈在帮我梳头的时候，有时不小心，梳子会调皮地擦过我的耳朵，我便会顿时怒火冲冲，对不明事由的妈妈大吼大叫，甚至会愤怒地一把抓过妈妈手中的梳子，狠狠地摔在地上。妈妈总是会叹气一声，默默地捡起地上的梳子，也不责骂我。爸爸也说了我不知多少次，让我尊重妈妈，可我总没有放在心上。

2014年9月8日的晚上，中秋节。本该是一家团圆的日子，可我和爸爸却出了车祸。那一天，晚上的月亮很亮，我第一次看见了爸爸流泪。后来才知道，爸爸身上多处需要缝合，牙齿也掉了几颗，这该多么痛啊！而我的右额头也被玻璃割伤。妈妈赶到医院时，已是晚上九点多。看着妈妈凌乱的发丝，震惊又心疼的眼神，我的心脏像被针刺痛了一下。

接下来的日子，我们都是在医院里度过的。住院的第一天晚上，因为手上打着点滴，睡沉过去的我不知怎的睁开了双眼，循着手上传来的冰凉看去，妈妈的手正紧紧地握着我的手，而她的头已枕在床边睡着了。妈妈的头发曾几何时已有了许多银丝，面容饱含着岁月的沧桑，看着熟睡的妈妈，我不免有些震惊，是的，时间是无情的，岁月卷走了妈妈的大好青春。看着旁边病床的爸爸，昔日里那个高大挺拔的男人渐渐隐没，现在的爸爸显得那么柔弱……

早晨，我醒来，看见爸爸坐在病床上，妈妈正提着东西从门口走进来，大汗淋漓地。我坐起来，爬下床，刚想拿脸盆去洗手间洗脸，妈妈急忙跑过来，抢在我前面拿起了脸盆。我愣了一下，拿过妈妈手中的脸盆，对妈妈说："妈妈，你去照顾爸爸吧，我自己能行。"妈妈怔了一会，疑惑地看着我向洗手间走去的背影……

是的，那天晚上，我想了很多。我为以前的自己感到耻辱，我决心改变，替辛苦的父母分担——我该懂事了，我已经十二岁了，我应该试着去体谅父母，去理解父母，尽自己的力去帮助父母，回报他们给予我的爱。

现在，每当我看见自己右额头上的疤痕，我就会想起那天晚上许下的承诺——要体谅父母。也许，在别人眼里，我的这块疤很丑，甚至说得上是惊悚，但是，在我眼里，在我心里，它就是最美的印章，印在我的身上、我的心上。

它，在我的心中熠熠生辉。

# 爸，我带你去远方

齐琪

远方的山是云，远方的云是山。

父亲骑着电瓶车，我坐在车上，车在向家的方向疾驰。

风狂躁地吹，披散的发丝打在脸上有辣辣的疼。桥下的水在流，天上的云在游，放纵自己的思想微微放空。我望向天，望向太阳那一缕残温指向的远方。我看见天空有了边界，是大块大块延续的朦胧的蓝。那是山，还是云？那是山，但是它在远方，所以它是云；那是云，但是它有朦胧的神秘，所以它是山。

"爸，那远方的是山还是云？"

"是山吧，只不过太远了，山和云在一起了。"父亲的语气有着肯定。

父亲沉默了，他知道我的执拗，也懂得我这个年纪对未知无边的幻想。

"爸，你去过远方吗？"轻柔的声音飘散在风里。

车的镜子里，父亲有一瞬间的僵硬，我尽收于眼底。

"爸爸年轻的时候啊，去过海边……"而后这段灿烂的回忆因为我的挖掘又温暖在了风里。

爸爸年轻的时候，是一个很有梦想的男孩，他的梦想应该在那远方吧……记忆的碎片在时光的走廊里被我拾起，依稀记起曾经在上了锁的小抽屉中翻出的旧照片，照片中的父亲瘦削却有精神，他爽朗灿烂的笑在海边飘荡过，在古镇中明亮过，在高山上闪耀过……

打着旋儿的风拉着我看着眼前的这个男人，他，老了。虽然不过是人到中年，脸上却已有了老者的沧桑，白发已不知不觉地悄悄生长，双眸的光芒被疲劳所掩盖。

"哎！爸爸呀，就是没有去过北京呀。"父亲的回忆却用遗憾作了一个残酷的掩埋。父亲的那一声叹息，融入在风里，却无法飘散，而是更紧地包裹住了我。

是啊！他有了家庭，有了孩子，有了压力，责任已牢牢缠住了他迈向远方的步伐呀！我的父亲，将他最美的青春倾注在我身上，而他的梦想也终究搁浅了，他离远方越来越远。

敏感的心也感受到了无言的忧伤。

"爸爸，我不知道远方是山还是云，但等我长大了，我带你去远方，我们一起去看，好不好？"我知道自己是个不善言谈的孩子，但这次，我是坚定的。

父亲点点头，我看见车镜里的他，露出比年少时更快乐的笑容。

车前行，水流动，云浮游。风没有变得温柔，看着远方的我却不再迷茫和摇晃，坚定的信念在心中萌芽！年少的我，有青春，有激情，有梦想，我有我心中的远方！爸，我带你去远方！我们一起去看云，看山，看这无尽的远方。

# 家，有暖光

孙　菁

"这个家，我再也不回了！"她抓起书包，头也不回地冲出家门。

她在街上跑着，眼泪顺着脸颊流下，又被风吹干。她没有目的地奔跑着，想让风将烦恼吹散，到最后精疲力竭，在公园的一处石凳上坐下来，脑子里不断地回放起刚才家中发生的一切……

今天，考试成绩出来了，但是成绩并不是很理想。她一整天心情都很低落，怀着阴暗的心情熬过了一天。

傍晚回家的时候，她磨磨蹭蹭地在路上走着，有一脚没一脚地踢着路上的小石块，石块"咕咚咕咚"地在地上滚动着，她的内心也翻滚着，涌动着。是的，她不敢回家，她不知道回到家之后将会面临着什么，是父母的滔天怒火，还是他们失望的眼神。她多希望这条路长一些，可是不一会儿就走到了家门口，她犹豫了很久，终于将钥匙插进了锁孔。在门打开的一瞬间，听见妈妈那亲切的声音："回来了，快来吃饭！"她的眼神里充满了诧异，莫非，他们还不知道我的考试成绩？坐上餐桌，她强装淡定地开始吃饭，谈话中尽量避免出现与考试相关的词汇。

这时，一条突兀的短信铃声打断了谈话。只见妈妈拿起手机，眉头慢慢锁紧，眼中的愤怒终于藏不住溢了出来。她的心中"咯嗒"一响。

"你就给我考这种成绩啊！天天上课上哪里去了！"

"就你这种成绩，以后怎么办啊？"

……

她心里一直想着：没关系，这不是早就猜到的情况吗。但到后来，父母所说的越来越不堪入耳。她的积聚了一整天的坏心情，在这瞬间彻底爆炸了："是，我最没用了，你们满意了吧！"

然后，就出现了刚开始的那一幕。

她依旧坐在石凳哭泣，呜咽声吹散在风中。但是脑子里却莫名闪过妈妈的眼神，那眼神，愤怒中却又掺杂着无奈、恨铁不成钢的情感。其实妈妈还是爱我的吧，真的是这样吗？

她一个人在石凳上坐了很久，也想了很久，等到天完全黑了，她才起身，远远地就看见家里的灯亮着，柔黄色的灯光似乎将家衬得越发温暖。她再也忍不住了，拔腿就往家跑。走到门外，听见母亲的哭泣声。她冲了进去，抱着母亲，泣不成声。

是啊，她真不该，母亲将她抚养到这么大，怎么着，都不应与她生气的。那句"这个家，我再也不回了"，该多伤母亲的心啊！

我们的父母，是一辈子心甘情愿爱、不求回报地支持我们的人；

029

携一缕"阳光"奔跑

而这个家，更是永远都泛着暖光的地方。

# 我给自己写封信

徐　好

未来的自己：

您好！

请不要讶异于我的突然来信，因为我，是十三岁时的你。我在这里向你问安！

现在的我，为了自己的梦想而努力奋斗着，渴望着成功。我做的一切都是为了你，自己。现在的你，过得好吗？还是像原来一样不自信吗？还是像原来一样开朗吗？

当你看到这些穿越时空的文字，也许你已经忘记了年少时的梦想，也许只是单纯地为了生活而活着。但请你不要忘记，在时空的另一端，有着一个纯真的你，一个怀揣着最初的梦想的你，一个能为了梦想拼搏的你。我想见到你最真挚的笑脸，活得开开心心，像从前的那个你，没心没肺，爱吃爱睡，但却能为自己拼搏的那个你。

现在的你，已经长大了，坚强了吧，你已经不再是那个不经人事的小女孩了吧。我有太多太多话想和你说，想一想，你应该是一个坚强乐观的人吧！每天绽开微笑面对世界，即使有天大的委屈也让它在心底接受时间的洗礼，让它风化，遗忘。记得曾经的那个你，失意后蜷缩在角落里默默哭泣，伤悲；转眼间，你用力抹去眼角残留的泪水，站起来，只留给世界一个坚定的背影，明亮的眼眸中闪烁着不服输的光芒；你攥起拳头，重新出发……那样子真的好帅！

想起从前，面对挫折那么倔强的你，如今是否还依然执着无悔呢？那个遇到再大的困难也独自面对的、不服输的、倔强得让人心疼的你，相信没有改变吧，因为我似乎看到了你的脸上洋溢着坚强的微笑。尽管那个微笑包含了许多，但这才是我认识的那个你！

相信你，已经成为一位光荣的人民教师，用一支粉笔谱写出知识的光芒，用一支教鞭指引学生成功的方向，像你曾经的老师指引你那样。相信你也有了自己的人生目标，相信你不会在茫茫人海中感到彷徨，相信你也收获了最真挚的友情，相信你已经学会为人处事，相信你并不再是一个平庸的人，相信你能朝着内心指引的方向前进……

不管现在的你是正值春风得意，还是处于人生低潮，我都希望你是微笑的，从不后悔，绝不叹息。别忘了，我的梦想还等着你去倾情实现，我的人生还等着你去描画上最绚烂的一笔。

最后，我希望你不要在人生路上迷失方向，不要随波逐流。我要送你两句话："走自己的路，让别人说去吧！""做不了太阳，就做月亮，做不了月亮，千万别做星星，因为星星一旦淹没在无边的天河，就再也没人发现你的踪迹！"请记住这些，它们将指引着你前行。

对我来说，现在的你只是一个梦，一个幻想，但却是我亲手编织的，我会努力让这个梦想变成现实。因为那时的你，将会是我一生值得骄傲的资本！

祝你的人生一路精彩到底！

十三岁的你 徐好<br>2017年11月12日

031

携一缕 "阳光" 奔跑

# 致黄一顺的一封信

范旭程

亲爱的黄一顺：

你好！光阴似箭，日月如梭。转眼间，我们已经有快一年的时间没有相见了，但你那时给过我的帮助，却使我久久不能忘怀。

在一次午自修，作业如泛滥的洪水向我们涌来，老师破例答应把午睡变为午自修让我们做作业。作业像一块千钧巨石，压得每个人都喘不过气来，你更是为作业忙得焦头烂额，但是，每当我对题目感到不理解并且被它困扰住的时候，只要我问你，你都会放下手头上的作业，无私无怨地帮助我。只要是你会的，你必定会给我一个合理的解题方式和一个正确的答案。无论我打扰你多少次，打断你的思路多少次，你都会心平气和的，并且全神贯注地给我讲解。

最终，我的作业全部完成并且按时上交了，而你，却为了教我作业，而被迫放学留下补作业，甚至多次被老师叫去谈话，但是你每次都把罪过往自己身上揽。每次都是我害你的，每次都害你被老师误会。看到你被请到办公室，我心里都很难过，我真想让我来为你承受所有的委屈。但是，每次看到你那淡然的表情和乐观的心态，我的心情都会平静下来，一切都是浮云。

学习成绩对你来说也是很重要的，但是你肯花费自己的学习时间来帮助我，这使我感激不尽。

还有，在一次体育课上，老师让我们踢足球，在游戏过程中，我的鼻子因足球而受伤了，固执的我不肯去医务室，想在草丛上待一会儿，但是你放心不下，一直待在我旁边陪着我，和我聊天，安慰我。你的陪伴让我的心里温暖，我至今都铭记心中。

你对我的帮助，我永远不会忘记。祝

万事如意！

您的同学：范旭程

2017年11月12日

# 致出头鸟的一封信

戴宇辉

033

忧愁的小鸟：

你好！

俗话说：枪打出头鸟。几乎每一只出头鸟，都会受到挤压，被大家冷嘲热讽。小鸟，你是不是受到了一些嘲讽，并为此担心呢？

我也是一只受他人嘲讽的小出头鸟。作为班中第一个用红笔写练习总结的，尝到了表扬，也吃尽了苦头。同学都说："戴宇辉，你得意什么？""不要这么做！"唉！吃尽了嘲讽，但我还是那一句话：做最好的自己，让别人说去吧。

实际上，你并不装，而是不太会装。我有一个同学，他有一句话说："戴宇辉，你装什么装？你写作业写这么多不就是蹭'好'，而我写这么一点，只是为了完成作业。"呵呵，这不是装的表现吗？只是为了完成作业而完成作业的，这不就是装的表现吗？把自己做到最好才不是装。算你不够装，才让那些装的人以为你就是装。你为了自己的学习进步，一直在努力，一直毫无怨言地奋斗。坚持最真实的自己，让那些爱装的人先嘚瑟去吧！之后，他们定当用自己的懒惰，换来无尽的后悔。

被别人嫉妒，并不是你的错，你是那么的优秀，那么的努力，这种嫉妒其实是赞美的另外一种方式。所以被别人嫉妒，应该感到幸福。同样的，嫉妒他人的人也是可怜的，他们自己要偷懒，要付出代价。

不管别人怎么看，我们都不要因为别人的冷嘲热讽，改变了自己的初衷，是被枪打的出头鸟，还是默默奉献的小草，都已经不重要了！你活泼的个性，我也喜欢。小鸟，时间是一个伟大的证人，你付出了多少，它就会回报你多少；一样的，你偷了多少懒，它便叫你还回来多少。现在，有太多的人过多地在乎别人的言行，而已被这种胆怯的内心塑造成了千篇一律的产品，缺乏自己的勇气，行动被别人所左右，最后沦为他人的复制品。

小鸟，走自己的路，用你的自信和大度，让那些误解你的人见证你身上的诚实与力量，也跟随你的脚步，充满勇气去做一个真实的自我。

顺祝

做好最真实的自己。

你的同类：戴宇辉

2017年4月21日

034

# 写给失败的一封信

邵曹阳

我既害怕又感谢的失败朋友：

您好！

俗话说得好："失败是成功之母，没有失败，何来的成功？"所以，此刻，我写了这封给你的感恩信。感恩我既害怕又崇敬的您！也许，很多人觉得感恩失败这事很荒谬，但我认为，是失败教会了我对与错，教会了我如何克服困难，教会了我如何走向成功，所以我要感恩失败。

在读小学时，我的成绩一直不错。虽我的学习态度不行，不算认真，可以用上"玩世不恭"这个词来形容我了，而成绩却老是数一数二的（没吹牛哦）。这引来了同学们的一片羡慕嫉妒恨，也引来了爸妈、老师的"重大"期待！终于，我受到了老天的惩罚。

六上期中考试，我考得乱七八糟，排名直跌十名之外，真是名落孙山！引来台下同学一片嘘声，"我送你离开，十名之外……"，也使得父母老师失望透顶。结果，一回家，暴躁的老妈就发疯了似的骂起我来："怎么考的？怎么考的？我都在朋友面前夸你，有多少厉害！现在他们问起我来，我这么办！丢不丢脸的啊！"连一向乐观，慈祥的老爸，脸上都充满了怒颜与几分无奈、伤心。我把自己关在房间里，我自己都不相信我是怎么做试卷的，手难道不听自己的话了吗？

这次失败，把我整个人狠狠地推进了无底的深渊。

将自己关在房间里，我随意地翻着成语书。我看见了"卧薪尝胆"这个故事，"勾践就是太自信了，结果大败……这不就是我吗……唉……"

"他后来不也是受尽耻辱吗，难道我不能像他一样，将失败转化为力量吗？"

"哈，我有那么脆弱吗，不就一次没考好，什么大不了的！"

"失败就是成功的一半，我已经成功了一半，再努力学习，还有做不成的事？！"

这一番对话，激发起了我重整旗鼓的斗志。接下来半个学期，我将失败转化为动力，努力要求自己做到最好。期末考试来了："来吧，我已经能考得更好！"终于，我如愿以偿了，成绩班级第一名。我笑得连嘴都合不上了，爸妈更加兴奋，脸上洋溢着笑容呢！

"失败是成功之母，失败是成功的一半。"感恩您，我的失败！

祝失败

不要再次降临到我头上！

阳光帅气的邵曹阳
2017年4月22日

## 看花　听雨　静心

　　人生路上，我们总是因为碌碌无为的生活而埋怨现实的残酷，总是在抱怨人性的弱点，总是在宣泄自己内心的不满，可我们却忘了用心去感受自然之美。我们失去了许多，那就让我们在寂静的时刻——去看花，去听雨，去静心吧！

# 看花　听雨　静心

杨晨烨

期末临近，我的心情愈来愈烦躁，总喜欢为一个表情，一句言语而伤感，可能是也有天气逐渐转热的缘故罢？不停地翻阅着桌上的书籍，一页又一页，一次又一次。看着书中好闻的墨香在空中散去，心却有一种无法言喻的躁动。

去放松一下吧，我对自己说。于是，我抽空回了趟老家。老家的风景最是秀丽，特别是后山的山涧中，总有令我流连忘返的景致。可惜天公不作美，刚来到山脚下，就淅淅沥沥地下起了小雨。我望着这朦胧的天空，不由得触景生情，现在的情景，不就是我的前路吗？朦胧、迷茫，不知该去何方！我突然忆起一首词，是出自纳兰性德《饮水词》中的《采桑子》："谁翻乐府凄凉曲？风也萧萧。雨也萧萧，瘦尽灯花又一宵。不知何事萦怀抱，醒也无聊。醉也无聊，梦也何曾到谢桥！"

朋友为我撑起伞，问："还去吗？"我沉默了一会儿，点点头，迈出的步伐有些踉跄，沿途的景色也无心观赏，朋友看出我的心不在焉，思绪烦躁，便笑道："此雨甚妙，何不去山涧赏花？"

我愣了："这个时候去赏花？这天气，还有什么花？现在有的只是些惨败的叶片罢了，折戟沉沙，有什么好看的？"

"你就是这样！花刚生长时，你说无趣；花盛放时，你又叹息，说有没时间；而现在，花即将凋零，你却不屑去看，难道这衰败的花也勾不起你兴致么？"朋友不满道。

"看花！听雨！"我心中这么想着，什么也没说，拽着朋友，弃了雨伞，朝涧中奔去。

是啊，我一路上都在想，一直以来我总是在找各种借口，什么学习任务重，什么作业繁多，总是让心在落寞中变得焦躁不安，却忘了这春逝夏初之时，还有残花听雨！雨水不停地随着斜风抚了过来，我和朋友一瞬间被雨吞噬，可我丝毫感受不到任何的凉意，为了看那残花，听这微雨，反倒觉得这雨无比舒适，像是一个个小精灵，它们从四面八方窜出来，轻盈地落在我们的身上，甚是好看。

转过一片树林，我简直被眼前的景色所折服——泥泞的羊肠小道坑坑洼洼的，一旁的野花沾上了淤泥，衰败得不成样子了，可小草还是碧绿的，虽然有些已被风雨折损，但它们依然用那种生存的姿态支撑着头顶那片蓝天！

这时，不远处的一抹淡紫色走进了我的眸子，这花有些像风信子，一朵一朵的小花如绣球般攒在一起，娇嫩至极，但现在却即将凋零，可是，这花儿并没有枯败，它依旧泛着生机。我突然像明白了天地之间伟大生存哲学般激动起来，我听到那残缺的淡紫色的身影上有着无数的音符在跳跃，发出优美的旋律，抑扬顿挫，扣人心弦。那雨珠似珠玑，在小珠大珠落玉盘之间娴熟地弹奏着自然之美，如同广陵散绝曲般弄月笑风，梁祝乐曲似蝶恋蜂迷，我不禁被这自然之音深深地震撼！

眼眸间，点燃起一团热情之火；心田上，缓缓地沉静下来。

人生路上，我们总是因为碌碌无为的生活而埋怨现实的残酷，总是在抱怨人性的弱点，总是在宣泄自己内心的不满，可我们却忘了用心去感受自然之美。我们失去了许多，那就让我们在寂静的时刻——去看花，去听雨，去静心吧！

看花　听雨　静心

# 慢慢来，比较快

柳 湄

　　我是个急躁的人，遇到他人或自己没有处理好的事儿，我总会第一时间在心中发出一声怒吼："怎么搞的啊！"面对如此不理智的行为，我便常常在自己即将厌烦或暴躁时对自己说："慢慢来，比较快。"

　　当然，这并不代表我就没有着急的时候——当然有。作为一名学生，考试一直是令我急躁又无奈的事情。

　　这学期的期中考试已经结束，我成了发挥不好的那一批。因为心中觉得难过，我每天放学回家就都会在题海中泡上一阵，于是，每天都得十点过后，我才能上床睡觉。

　　就这样过去了几天。有一次，我早上起来照镜子，猛然发现自己眼皮肿了，还有明显的黑眼圈。霎时，看着镜中憔悴的自己，我不禁觉得自己可怜又可笑。可怜是我每天刷题，还没见到成效而面容已略带疲倦；可笑是自己连试卷分析都不曾做过，就这般"折磨"自己，没头没脑地横冲直撞。

　　上学路上，怀着这样一份迷茫的心情，走过绿意盎然的小径，心中却是满满的哀愁与愤懑。这时，我抬起头，看到一个人走在了我的前面，我下意识地就加快步伐向前走着，最终超过了那个人。那一刻，我的心中竟有了一种久违的欢快！"走路跟学习应是恰好相反的吧。走路，可以在很短的时间内收到成效，你可以很快地超过前面的那一个人，但这也可能就这么几次，因为你无法料到局势的变换，甚至有可能因为你一直想超过那个人，而不曾注意脚下，'啪'的一声摔倒在地也未可知。"我沉思道。

进入校园，我放慢脚步，延续之前的所思所想。"学习，应是欲速则不达的吧，毕竟这得靠你长时间地去积累，它不是一件速成品，而是一项精雕细琢的艺术啊！遇到挫折，就更不能生气了啊，这时的生气又解决不了什么问题。"经这么一想，心中那一团零乱的思绪便被捋顺了许多。我大口呼吸着空气，感受着空气中青草的纯粹芬芳，大步向教学楼走去。

"看来，有什么想做的事且方向对的话，还是应该去做的，总得坚持一下吧。"想起自己的刷题经历，我似乎没那么讨厌了。

学习上的成功不可能来得很快，因为你需要足够的时间让自己变得足够强大，你才可能让自己有保障。当我调整好心态后，我才觉得一切似乎都没有那么难，或许是自己坦然了吧。当然，我依旧刷题，但我心境也明朗了，事情在往好的方面发展，这令我倍感欣喜。

所以，我觉得静心地去仔细想想，问问自己接下来要什么，看看路，想想自己能做到哪些，很是重要。当我能稳定地输出劳动时，想必，我所想拥有的成功也就是个附加值了吧。

还是慢慢来，比较快。

# 和自己赛跑

程 雨

与自己赛跑，听上去是那么的不可思议，但事实上，在这世界上，必定，人人都会有几次和自己赛跑的经历吧！

我做了一个梦。

在梦里，暗无天日，我不知道该何去何从，我不断地走啊走，然后走到一个不知名的长道上。

我在原地站着，过了好久好久，我总感觉有谁在这附近。然后，我又看见了一个黑影，总给我带来一股不好的预感，我开始行动，妄图摆脱黑影。

但是，我动，它也动；我停，它也停。我不停奔跑，它也立即追上来，与我持平，跑着跑着，我累了，它好像也累了，我与它对视着，用一样的眼神。

我仿佛遇见了会模仿人的怪物，虽然没看清它长什么样，但我总感觉它，好像我一样，或者，在我旁边，有一面朦胧的镜子？

这种认知让我害怕。

于是我开始不停地奔跑，如果我能跑过它，这将代表着什么？

时间一点一滴地流过，我渐渐累了，可我却不愿停下，因为我知道的，我知道如果我赢了，会代表着什么。于是，就算双腿像灌了铅一般沉重，我也不愿停下。最后，我看见了，那个黑影突然停下来，在原地不动了，然后我收住脚步，看着它渐渐消散。

我赢了自己。

弗洛伊德曾在他的著作《梦的解析》中说过："梦是一个人与自己内心的真实对话，是向自己学习的过程，是另一次与自己息息相关的人生。"

那么，这个梦，是否也表明是我内心真正想到的呢？超越自己，与自己赛跑，把自己所做过的一切都当成是一个突破点，争取做得比每次都好，超越自己的极限，这，就是我在梦中向自己学习到的吧。

这个世界没有偶然，只有必然，梦境也是如此。做这个梦是必然的，因为我们无时无刻不再奔跑，胜利也是必然的，因为我们心中想要超越自己，超越那个曾经伤痕累累的自己，在各个不同的方面。

为了能做到更好的自己，我们总要与自己赛跑。很多人认为与别人赛跑才是比赛，殊不知与自己赛跑才更为不易，这是一种挑战，它能使你获得真正的进步与成功。

所以，从现在开始，与自己赛跑吧！

# 梦想从一篇散文开始

徐 越

看花 听雨 静心

图书馆是我闲来无事便会前往的地方，因为在那里，我坚定了自己的梦想，它，开始展翅飞翔了！

最先引起我注意的，应当是朱自清的一篇散文——《荷塘月色》。我本来是不爱好看什么散文的，与其他少女一样，多是看些小说，跟随着作者笔下的人物时而乐开颜，时而愁断肠。一次，正当我在茫茫书海中觅寻好书时，这《荷塘月色》就如一杯清澈透明的水，突然呈放在我的眼前。不由自主地，我缓缓翻开了那素雅而厚重的扉页。

渐渐展现在我眼前的并非那些群蚁排衙般枯燥的汉字，而是一潭水面烟雾气缭绕的月下池塘。一朵朵嫩粉、亮白的荷花从水底乖巧地探出脑袋，随后如天鹅长颈般漂浮在平静的水面上。荷叶尽情地舒展开了它宽阔的胸怀，带着晶莹的露珠，拥抱着黑夜，又似一位位膝跪于娇羞少女面前的绅士。皓月渐渐升高，烟雾淡淡地弥漫着，如此安静、神秘，就连池边的夜虫也停止了喧闹……

呀，多么美丽的月下池塘！那一个个细腻入微的文字，那一个个精准的词语深深地撼动了我的心。这比阅读小说都要美妙，这如清水般流淌涤荡我心灵的，便是散文蕴含的情感啊！那时，一个萌芽已然不觉从心底萌发：写作，我想要……

之后，我毫不犹豫地从书店购得了一本《朱自清散文集》。因为，它值得我去珍藏。

看完了整本书的我，与朱自清一同尝尽了人间百味，那一股股奇妙的情感洪流，使我渐渐发生了改变。

在语文习作课上，我总是非常认真地进行构思，用尽一切办法表达出我的情感。偶尔，我的文章被老师赏识，展示在了班级后墙上，看着同学们在我的文字引导下，时而露出微笑，时而微微皱眉，时而惊叹，时而感慨……我心中的萌芽迅速地成长，冲破了心理的束缚，由心底而发的，我对自己说道："我要争取成为一位作家！"

透过文字，即使没有面对面的交流，那份浓浓的情感仍是会渗出薄薄的纸面，被远在千里、身处异处的千万读者所接受。那一个个具有魔力的文字，会在不经意间洗涤他人的心灵，给予他人足够的力量！就像朱自清一样，他的文字为我指明了梦想的开端，给予了我足够的动力！我的梦想从这篇散文开始了！

在图书馆中，我的梦想坚定了，它，要展翅飞翔了！

# 成长的蜕变

朱　黎

有人说："青春，是与七个自己相遇。一个明媚，一个忧伤，一个华丽，一个冒险，一个倔强，一个柔软，最后那个在成长，在蜕变……"

成长，让我的心灵萦绕着梦想飞向远方，但这远方是漂泊不定的。即便我们带着恐惧，迷茫，在茫茫人海中不知所措的彷徨，但当心灵开始起飞踏上征程的那一刻，所有的迷茫与恐惧都将会化为对未来的憧憬与渴望，我洋溢着青春的笑容在天空展翅，那天上漂浮的白云也被沾染上了我的明媚。

成长，让我懂得了太多太多，也让我肩负了太多太多。当我开始为成绩发愁，觉得自己无能；当我为许多琐事担忧，害怕自己做不好；当我开始注意自己的言行举止，担心冒犯别人；当我学会察言观色，谨言慎行；当我做事开始小心翼翼，当我莫名其妙落下泪珠；当我能前一秒哭，后一秒笑，我不知不觉地学会忧伤，为值得或不值得的一切而忧伤……

成长，让我在一次次挫折和困惑中褪去青涩，绽放美丽，创造辉煌。我在一次次跌倒中奋力爬起，去寻找光明所在的方向。我在一次次绝望中找到明亮的曙光，为了自己心中的信念而执着向前……一次次的喜怒哀乐，胜负成败，交织成了精彩的人生，我的人生因此而绚烂，因此而华丽。

成长，让我踏上无悔的征途，去探索一切的未知。带着一颗青春而狂热的心，体内流淌着热血，我在未知的道路上疯狂。少年的心，狂热、青春、燃烧、热血、敢拼敢闯。这"初生牛犊不怕虎"的精神，为我的成长添上了具有冒险色彩的一笔。

成长，让我学会再苦再累也要绽开微笑面对世界。因为，我懂得了怯懦是留给自己看的，别人只会把我的每一段辛酸当笑谈。我应学会一个人面对孤独，一个人面对黑暗，一个人蜷缩身子舔舐伤口。就算会付出惨重的代价，我也绝不服输，绝不低头。所有的事，所有的痛，所有的委屈和不甘，只能自己为自己承担，就这样，我的内心多了一份倔强。

成长，让我变得多愁善感，成了一个感性的女孩。盯着身边事物，心里便莫名地涌起一阵又一阵的伤感；看着桌前书本，却能将自己与截然不同的主人公紧紧联系在一起；望着窗外，总能看到自己经历过的点点滴滴；看电影电视节目，但凡和我有一点点联系，我便开始联想开始伤感；我喜欢听歌，不是因为歌的旋律多好听，而是觉得歌词仿佛描绘了另一个自己。那个自己，是我不敢面对的，掩埋在内心最深处的自己。这些，有意或无意都触及到了我内心的那片柔软。

我听过一句话："真正的成长，就是绕一个很大的圈子，去明白一个最简单不过的道理，然后用它指引着自己度过一生。真正的蜕变则是逐渐剔除的过程，剔除华而不实的一切，仅留下生命中最重要的东西，从而做一个简单而坚定的人。"

一语惊醒梦中人。我会而且一定会，去追逐，去奋斗，找到我心属的方向。然后，春暖花开，岁月静美。那真正安宁的，是我的心，简单而坚定，平和而充实……

# 我当学霸

徐　颉

我对"学霸"这个词没什么概念，唯一知道的就是，这是用来形容成绩顶好的学生的。

刚上小学的时候，"学霸"这个词就开始流行了。只要你能做出大家都做不出来的题，便会有一堆的人围着你"学霸"，"学霸"地叫个不停。于是，我对"学霸"这个词越来越迷茫了，到底什么才叫"学霸"？

考卷念分数时"噼里啪啦"的掌声一阵阵地响起，可那不属于我。老师都有一个排名次的爱好。成绩好的"学霸"们一个个趾高气扬，被赞美的话语紧紧地包裹着，一路送上云端。连对"学霸"不感兴趣的我也滋生了羡慕之情，那种感觉一定很好吧。几次这样的掌声过后，虚荣心作祟的我便偷偷地向一个被他们称之为"学霸"的女生讨教。其实也有很多人去询问学习的"秘诀"，但面子告诉我这件事不能让别人知道。而她只是轻蔑地翻了个白眼，径直走回了教室。我有些尴尬，也有些恼怒，走过来一个陌生的年轻老师，拍拍我的肩头，说："努力做好每一件事，但也要做好自己。"

不服输的我开始效仿"学霸"们的做法，久而久之，练就了一套自己的学习方法。于是，我也光荣地跻身于"学霸"行列，也光荣地有了属于我的掌声。在赞美与掌声中，我有些飘飘然了，但是现实很快地敲醒了我的自我陶醉，班级里最不缺的就是用功的学生了，看着周围同属"学霸"的学生们被一位位后起之秀顶替，我的心里涌上一阵阵的恐慌，我害怕自己也会成为被顶替的一员，我的学习神经立马就紧绷了回来。在飘走之前，所幸我的理智战胜了虚荣。

自从有了"学霸"光环，身边的朋友越来越多了，但是从前十分要好的朋友却被我的光环灼伤，渐渐疏远了我，这使我很不是滋味儿。我知道"学霸"之路不可能那么容易走通。因为在初尝"学霸"滋味的那段日子里，我的成绩就像玩过山车，忽上忽下，忽急忽缓，我的友情也面临着危机，一时间我心力交瘁，一个不小心就会掉下悬崖。静下心来想起那位老师的话，"努力"，"做自己"，我一样都没有做到，那句话，这两个词，我想了一个星期。

后来，我决定以崭新的面目去面对学习，我开始卸下虚荣的面具，摘下学霸光环，我不再刻意摆出高傲的姿态，不再刻意炫耀自己的成绩，不再藏着掖着自己的过失……昔日的朋友终于笑着默默走近我。我和朋友一起努力，一起去赢得属于我们的掌声。然后，过山车在最高点停了，再然后，我的身边多了一个她。我要走的，是另一条"学霸"之路。

现在，我对"学霸"有了更清楚、更深切的认知，在我看来，学霸是努力学习，认真听讲的人；是身处高地，却谦逊自信的人；是敢于做自己，不被束缚，坦坦荡荡的人。当然啦，还要有棒棒的成绩。这，才是学霸，真正的学霸！

# 别人家的孩子

许　珂

杨昊，我最要好的朋友！他博览群书，博闻强记，又通晓历史，精通数学，他简直就是"别人家的孩子"。

我俩的妈妈是同学，所以之前我们经常联系，时不时还要串一串门。儿时的我们一起嬉戏，倒也没感觉我们之间有什么差距。但随着年龄的增长，我们之间就有了距离——

我十岁那年的一天，妈妈带我到他家玩。他问了我一个令我至今难忘的问题，让我感触良多，但却塑造了一个不服输的我。

那天，我与妈妈到了杨昊家。两个妈妈去聊天了，我就去找他玩。我看到他时，他正捧着一本大书津津有味地看着。看到我进来，杨昊才把头从书中抬起来，微笑着对我说："你来了。"然后他站起来，像个大哥哥似的问我的学习、爱好等等。在他面前，我总有一种面对大人的感觉，但他却又的确是个小孩子，他和我是同龄的孩子。

"好讨厌的感觉！"我的心里突然冒出这样的念头。

随即，他从书架里抽出了一本有关战争的书，指着它，问我："你说，要是你的母亲就处于这种类似八国联军侵略的战争中，你会怎么办？"

听了这个问题后，我彻底愣住了，没有回答。但在我看似平静的外表下，内心已是波涛汹涌：为什么他会问这个问题？"八国联军"是什么？他为什么用"母亲"来做比方？

天啊！这之前，我知道我和他有差距，但差距怎么会这么大，他难道已经远远地把我甩在后面了吗？我的心中突然涌起一种无力的感觉。

但我不甘心呀！

从此，我变了。我告别了以前的懒惰无知，我开始变得勤快好学。图书，慢慢地填满了我那空空如也的书架；读书，渐渐地成了我的生活嗜好。

一段时间过去了，我又见到了他，本以为我可以在学问上和他赛一赛。但事情并非如我所愿。那一天见到杨昊时，他正举着衢州市少年七巧板冠军的奖状在向我招手，一脸的笑意！

我还是不如他呀！我的脸上笼上了一层灰色。

看着杨昊得意的神情，听着我妈妈对他的啧啧称赞，我的心里划过一道闪电：他一定是我的好对手，尽管我现在不如他。但就是要有这样的对手，战胜他后，才会更有成就感，不是吗？

自此，我开始追赶！我不停地追赶着他的脚步，从未松懈过。

我确信，也许，在未来的某一天，我会追赶上杨昊的步伐；或是，我将把他远远地甩在身后！

等着吧，"别人家的孩子"！

# 学霸叶纵

郑敬涛

在这个神奇的班级里，学霸如云，可最让我钦佩的还是那人称"叶纵"的学霸。他不鸣则已，一鸣惊人。

叶纵身材高大，也不戴眼镜，让人一看就不像是那种文弱的书生，反倒觉得他在体育上有天赋。平时为人呢，也挺豪放的，甚至会有点大大咧咧。但每当他学习起来，便立马换了个人似的，想得快，写得也快，仿佛是将笔和自己的思想合为一体了。

开学初，叶纵在班中还是默默无闻的，因为名次还不是很靠前。但之后的一段时间里，我时常看到他一个人在座位上苦学的身影。期中测试后，他以班级第一的佳绩震惊全班。可我不感到惊讶，毕竟，那是他勤学苦练的成果。在期末考试中，叶纵乘胜追击，站在了休业式的讲台上发言，内容是确立自己的学习目标与激发自己的学习兴趣。我想，他就是那个在心中牢牢地记住学习目标，并努力激发自己的学习兴趣才取得成功的人。

在班里，我有幸与三位"学霸"组成了一个文学社，而叶纵就是其中之一，所以我和他接触渐渐增多。文学社成员共同写着一部小说。刚开始，大家都热情高涨，争着抢着要在本子上留下辉煌的几笔。但渐渐地，随着学习负担加重，我与另一位成员就很少参与写作了。因此，翻开那微微泛黄、被翻得破烂的小说本，后面的故事就都是叶纵与另一位学霸的字迹。学霸？学霸！不仅仅是学习好就是学霸，而是认定一件事就要做到底，对待任何事都一丝不苟，尽全力完成的人。拥有这些品质，学习好也是理所应当的。

在叶纵身上，我才顿悟以前我一直将"学霸"这个词理解错了。学霸不是整天只知学习，除了学习还是学习的人，也不是取得一次辉煌就趾高气扬、目中无人的人，也不是智商极高，情商极低的人。

叶纵，他阳光，幽默，有点小调皮，对朋友极好；同时也勤奋，刻苦，有自己独特的思想。学时精益求精，玩时不拘小节。叶纵，他就是我心中的学霸！

# 冷眼看学霸

徐 赟

在我们的学校中，班级里，多多少少地分布着一些"恐怖分子"——学霸。要说起他们的学识啊，会让天上有着渊博知识的星星们都自叹不如，黯然失色。

这些"恐怖分子"无处不在，邻座旁、小组里都有着他们的踪迹。他们是"小考月考都不怕，要留满分在人世"的人。可见，他们对于我们这些学习成绩差的人来说是有多"恐怖"了。

学霸虽然平时"真人不露相"，但在数学课上，特别张扬。当老师讲解完难题后，一喊"做对的同学举手"，"刷刷刷"，数只手优越地"站"了起来；在单元测试后，老师一叫"一百分的同学起来一下"，结果又是他们独占鳌头。他们的好成绩又怎么不会让我们羡慕嫉妒恨呢？笔一动，满分来，这样的学习效率可真着实让我们好生羡慕；然而，低头望望自己惨不忍睹的试卷，上面只标着六七十分的鲜红数字。

一次偶然的机会，我看见一本书上写着这么一段话："绝对没有不历经辛酸的天才，任何天才，背后一定会有着不为人知的努力。只是，都隐藏在暗处罢了。"这让我感到异常纳闷了。那么，照这么说，学霸们背后有多努力呢？

我对这个疑问进行了探究行动，开始观察起学霸们的一举一动。我发现，在上课老师讲课时，他们要么是以最快的速度，记下重点知识，要么是跟上老师的速度，将它们铭记在心中，下课再补上笔记。我发现，下课后，他们不是补笔记，就是在做相关的作业。趁着概念非常清晰的时机，做起作业来正确率当然极高。我发现，在早自修时，他们在专心致志地读着课文；在午自修中，他们矢志不渝地和作业本见面，好似作业本是他们的情人一般。而我们呢，一些人偷偷讲话，一些人开着小差、发着呆，一些人心不在焉地写着作业，心却不知道在哪儿神游了。

这些发现无一不使我汗颜，诚然，学霸们的努力大都在暗处，我们却仅仅只能看得到他们的表象，谁又能看到他们努力着付出的汗水呢？除了吃饭、上厕所、回家，他们在其他任何时候都一概不离开自己的座位。这——才是真实的学霸，学霸的好成绩都是靠自己的努力争取来的。

我再次翻开那本书，只见上面写着："成绩、地位、荣耀、成功，一切的一切都是靠自己努力争取来的；没有努力，又谈何成功呢？"

我大彻大悟，也终于明白了努力的重要性。学霸们的成功，自然是努力的功劳；想要当学霸，想成功，就得全靠努力，正如书上所言："没有努力，又谈何成功呢？"

# 记得那一次出发

叶　紫

记忆的闸门一旦打开，回忆便如洪水般涌来，卷卷欢乐，卷卷收获。

我细数着那些从小到大的经历，猛然间发现我成长了不少，收获了不少。一次次从人生道路上出发，一次次哭泣着跑回，一次次满载而归，哦！那都是最为珍贵的经历和收获！但要说最令人难忘的，还是那很久以前的一件事。

"啪嗒！"清脆刺耳的声音猛然出现，只见幼小的我一脸沮丧，可怜兮兮地用小手捡起破碎的瓷片，哎！碗又摔破了！此时幼小的我正勤奋练习洗碗，心中念叨着，我要独立，我要成为一个好孩子。

妈妈将瓷片拾收干净，一脸慈祥地说："慢慢来哦！不着急！"也许是妈妈那温暖的笑容使我信心大增，我重新站在椅子上，用小手搓着碗，嘴中还不停念叨着："嗯，洗洁精，抹布"。泡泡在空中飞舞，五彩斑斓，如同儿时的回忆那样绚烂多彩。清脆的笑声与母亲那语重心长的话语交织起了一幅温馨而幸福的画面。

小手刚拿起一只碗，不知是因手滑还是力气太小，碗，又成功地滑落在地，"啪嗒！"声音仿佛更加的刺耳，直刺我的心窝。委屈的泪水一下充盈在眼眶里，我愤恨地跳下椅子说："我不学了！"边说边抹眼泪，但余光却瞥见了母亲那高大的身影。"不要哭！要做个坚强的孩子！"那如往常一样温柔的话语，带着丝丝坚定，缕缕信任。

"要坚强！"这三个字仿佛烙在了心窝，我鼓起勇气再次站在椅子上。与之前一样，但似乎又有什么东西悄然改变，哦，是的，是眼神。我的天真的眼神中添加了坚强的灿烂光芒。于是我又开始了新一轮的挑战。在"啪嗒"声中，我没有放弃；坚强像魔咒一样烙在我的心头，仿佛成了永恒的信念。在摔了无数个碗后，我终于能将碗洗得干干净净，且洗碗技巧熟练。这一次的出发，我收获了坚强，收获了独立！

回想起这段经历，我不禁微微勾起嘴角。那一次的出发。我不仅收获到了坚强和独立，还收获到了如海般的母爱！

坚强、独立是我们每个人都需要的品质，拥有了它，才能在人生道路上走得更长，飞得更高！那一次出发，我受益匪浅！那一次出发，我满载而归！

# 坚持的美丽

徐 澈

对于我来说，那次出发是沉重而又坚定的。我背负着一腔激昂的决心与视死如归的勇气，迎着早春的寒意，化孤勇为桨，以坚持为帆，立誓决不辜负头顶的春日暖阳。

体育，是我的一个噩梦，因为它，我丧失了斗志与信心。开学伊始，接踵而来的不只有同学的笑容，学业的繁重，还有体育健康测试。被大家戏称为体育"低能儿"的我在热闹的人群中独自低下头，计划着一场注满勇气的棋局。

一盘声势浩大的棋局的准备自然是漫长的，但时间并不能消磨我的决心。课间同学们都在聊天，我就赶紧去向那些体育好的同学咨询如何提高耐力、腹部力量等等。在综合了多方意见后，我一笔一画地拟定好了训练计划，计划上的每一个字都倾注了我满腔的决心。

最困难的便是出发的第一步。我选择远离繁忙而嘈杂的课间，在体育场中展开我的计划。计划中的第一项是坐位体前屈。我叫来好友（她是校体育队的），请她帮忙压柔韧。我小心翼翼地伸直双腿，双脚抵在板上，一副视死如归的表情。她毫不客气地用膝盖抵着我的背脊，双手压住我的肩膀。我顺势向下，手一寸一寸地向前挪动。腿上传来的撕痛感猝不及防，我感觉到了血液往脸上翻涌，我的呼吸开始紊乱。龇牙咧嘴的我忍不住发出了痛苦的呻吟。将整个人都压在我的背上的她，听到了我的呻吟，微微动了一下，似乎想要结束这项训练。我知道她的意思，用尽全身的力气喊道："你别管，压着就行了，我能坚持！"

时间过得异常漫长，有好几次，我都差点坚持不住想扭动身躯站起来，对自己说一声：放弃吧。但最终我还是选择了坚持。我不停地告诫自己：既然决定这样做，就一定要坚持到底。幸好没有人看见我因疼痛而沁出的泪花，没有人知道我的心理挣扎，没有人感受到我在即将放弃时点燃的决心……我坚持住了。我笑了，仿佛刚才浑身颤抖的人不是我。

出发的第一步我做到了，然而这场征程并没有结束，但我相信我仍能凭着一心孤勇坚持走下去。

那一次出发，沉重而又坚定。但我喜欢这样孤勇坚持的自己。我迈出的第一步，既是我决然的出发，也是象征胜利的旗帜。我坚信，我绝不会辜负头顶的春日暖阳。而我，终将闪耀。

# 友谊的花儿

何思琦

记得那一次出发，我收获一份友谊。人生的旅程中，总会有一位挚友陪伴着，而我出发了，就遇见了她。

二月的校园中仍旧被严寒封着，同学们的活力融化了冰，温暖了心。我与她在校园的小径上互诉心声，那一刻，我们成了最好的朋友，友谊花朵已悄然绽开。

我曾是一个腼腆而又羞涩的女孩儿，一下课就只会窝在座位上，不与邻座的女生们嬉戏。长长的刘海已快遮住我的双眼，让人一眼瞧去就毫无自信的样子。一直坐在不那么显眼的位置的我，犹如空气一般存在着。我望着与人交谈的她，心中羡慕不已。她高束起的马尾，配上一条浅色裙子，谈吐中体现着优雅，再加上嘴角一丝浅笑，使人觉得她犹如此耀眼的星辰，周身散发着光芒。

我只能静静地望着她。

她看觉察到我的目光一直盯着她，便朝我这边看来，回我一抹明艳的微笑，我急忙别过头去，急急拿起笔，做起题目来。又见一个女生拿着本子向她询问题目，她落落大方地讲解，我只能偷听她讲，这道题其实我也不会。她见我如此，便说："同桌，你也一起听吧！有什么不会的，可以请教我！"我心中惊了一下，却无法迈出心坎，无法出发。

她经常帮助我。一日，我午饭后到小径上散步，她也在，叫住了我："同桌，我们来聊一聊吧。"她从她爱好的娱乐聊到我喜欢的小说，我发现，我们居然有这么多相同的兴趣爱好。想到这，我终于出发了，我说："同桌，我们做最好的朋友吧！"她不假思索地道："好！"幸福一时间来得太突然，"我以为你不会答应我的。"我惊奇地问。"怎么会，你人这么好，虽然平时不说话，但我知道你是一个很热心的人。"她的微笑很美。

校园二月的寒冷，已被我与她炽热的友谊融化，两个女孩儿成了最好的朋友。那一次的出发，我收获了弥足珍贵的友谊。

在人生的旅途中，出发是频繁的，但唯有这一次让我难忘。它不仅让我收获友谊，还让我知道，只要勇敢地出发，就有美好的收获。接下来的路程，我会继续出发。

难忘那一次出发，永远记得那一次出发，感谢那一次出发。

# 心灵的沉稳

陈　加

吵闹烦躁的都市，是一片充斥着灰色的世界，是一片毫无生气、由混凝土组成的钢筋世界。

忍受不了那种喧闹又沉闷的都市气氛的我，再一次独自前往乡下，去回应那来自心底的召唤……

　　先来到奶奶家，我仅仅只是略微休整了一番，便迫不及待地背起包，向远处的山地走去，顺着召唤，踏上征程。

　　独自一人漫步在山间小径上，终于远离了都市的那份沉闷。我贪婪地深吸口空气，空气中夹杂着泥土的清香与春日山花盛开的芳香，精神顿时为之一振。原本坐车的劳累在此刻也都消失得一干二净。迈开大步，脚踏由石砾铺成的小路，感受着脚下大地的厚实，我那烦躁不安的心灵多了一份沉稳。

　　我头也不回地踏进树林里。之所以选择来奶奶家，不仅仅是因为熟悉这里的地形，更重要的是这片山地还未开发，依然是一片荒凉的景象。但在我眼中，这里，是我心中最渴慕的圣地。谁也不知道这一片林地究竟有多大，或许已经覆盖了这一片群山，也可能只有此山上这山腰周围的一圈而已。行走在其中，手指轻轻探出，缓缓拂过叶边，那细腻的质感令我爱不释手。在这早已入春的季节里，树林中大部分的树都还只是在枝头冒出了点新芽，仅有深山中的那一片群山中，才有那种遮天蔽日的翠绿巨树。头顶上只留下那些密集的枝丫，将天空分割成一块一块的。

　　穿行在林间，时间却也过得飞快，早上九点过踏入山中，此时却已是中午。挑了一块还算平坦的草地，我铺了一方桌巾，整个人轻轻仰倒。

　　躺在草地上，惬意地舒展着自己劳累的身躯，将最后一丝都市里的烦闷给狠狠踢出了身体。太阳透过绿叶和枝丫打在我的脸上，暖暖的，舒服极了。毕竟是春天，阳光还远远没有夏天来的炙热和刺眼，只有一丝柔和，沐浴着世间大地，似乎是想给这片刚刚从寒冬里复苏的生灵带来抚慰。

　　我不由得闭上眼，小憩了一会儿，随后再次踏上征程，向着密林深处走去。越往前走，来自心中的召唤感，也越发强烈……

059

看花　听雨　静心

远处不知何时传来了隐隐约约的流水声，心底的感觉也越来越强烈。穿过一片灌木丛，迅猛的流水如同在我耳边回响，心，不由得狂跳了起来。我不顾一切地往前冲，拨开挡在面前的树枝，冲到了太阳下。

刺眼的阳光迫使我闭上了眼，再睁眼时，眼前的景象美得让我无法诉说：瀑布从天而降，水流冲击在泉底中的礁石上，飞溅起来的水珠如同一颗颗乳白的珍珠，在阳光下闪闪发光；洁白的山鸟一声长鸣，贴着瀑布在空中转身，展示着那绝世的舞姿……

静静地，我离开了。此时此刻，我的心中不再有任何的烦躁与不安，只有那满心的宁静与充实……

我知道，我还会回来的，因为我的心，只属于这里。

# 不止一次，我努力尝试

柯　迅

小时候，我很羡慕那些会滑滑板的人。看着他们站在滑板上，轻轻摇摆着身子，就可以自如地向前行驶。那些会滑滑板的人每天可以自在飞驰，时不时还来个急转弯什么的特技动作，神气极了。

妈妈一直说我是个很聪明的人，什么东西都是一试就会，而且掌握得还很不错。所以，我就认为学个滑板什么的，自然也不在话下。十岁生日时，我就让妈妈去给我买了一个滑板。

没想到在学滑板这件事上，我却没能一学就会。它让我明白了，原来这世上有许多事单凭"聪明"是做不到的，还需要努力尝试，不止一次。

还记得刚把滑板抱回家的那个下午，我雄赳赳、气昂昂地就要踩上滑板，准备大展我的神威。不料，我的两脚一踩上滑板，身体就忽然失去了平衡，脚下一个趔趄，"啪嗒"一声，我摔了个四脚朝天。这一摔摔得可不轻，脑袋上微微鼓起一个包，吓得我三天没敢去碰它。

第二次，我去尝试它时，因为有了第一次的教训，我自然不敢再那么肆无忌惮地就踩上去。我扶着墙，小心地把双脚站到滑板上，慢慢扭动后脚。哈！果然向前了！太棒了！又扭动了几次后，我的手放开了墙。不料，向前滑了几步后，也不知是不是重心没掌控好，眼见得我即将从滑板上摔下来。幸好，这次我及时从滑板上跳了下来，没受伤。

在经历了几次失败后，我对自己完全没了信心。我对妈妈说，这滑板太难学了，不学了。可妈妈不准了，只见她一瞪眼，厉声道："不行，才刚买来就想放弃？再说，不就失败了几次吗？爱迪生发明电灯，还失败了六千多次呢！继续！"

妈妈不愧是老师，说话喜欢引经据典。

"熟能生巧嘛，只要多练习几次，还怕不成？我看好你！"妈妈见我沉默不语，便走过来，用手轻轻拍着我的肩膀，鼓励道。妈妈的话语对我起了作用，我知道我非学会不可啦。

于是，我又投入滑板练习。练习，摔倒，爬起；再练习，再摔倒，再爬起。练习累了，就停下歇歇。歇歇够了，又开始练习……

终于，在第五天的下午，我学会了滑滑板！

当我驾驭着我的滑板自如前进时，当我滑出长长一段路程时，我为我的成功而欣喜；当妈妈向我伸出大拇指时，当邻居弟弟为我喝彩时，我在尽情享受着我的滑板快乐。

学滑板不简单，但我成功了，因为我努力尝试，不止一次。由此明白，人生路上，要取得成功，单靠聪明是不行的，更需要的是不止一次地努力尝试。

# 学会独立

柳 杨

一个学会独立的人，全身上下都散发着迷人的光辉。他们说，这叫成熟。

一直以来，我都很少在上学期间迟到，虽然我对被窝有着一种灼热的喜爱，但只要一想到那天，那个泛着微微寒意的雨天，一个女孩怀着一份镇静、温暖的心情疯狂跑着的身影，我就会"扑腾"一声爬出被窝。

那天早晨，秋后那微凉的空气不禁使我往被窝里缩了缩，昨晚的劳累使闹铃的声音逐渐模糊……

"啊……"不知睡了多久，在朦胧中，我眯起双眼，拿起床边的闹钟，一看："啊！六点五十！我怎么睡得那么晚！"霎时间，我睡意全无。我一边用着我生平最快的速度完成了洗脸、刷牙、吃饭，一边想着让妈妈送我去上学。

跑到楼下，我的眼睛对上了妈妈的眼睛。妈妈眼里充满着劳累，她似乎已知道我要说什么，没等我开口，她便不徐不疾地说道："我做生意很忙，不会带你去学校的，你爸爸也是……"这样的一番话，刹那间浇灭了我心中焦灼的焰火。是啊，我有什么理由要求我的父母为我的错误买单呢？为了经营这个早餐店，他们已经足够累，足够累了。

我二话没说就冲出了家门。空气中飘着细若游丝的小雨，但那凛冽的寒风却似冬月冰凌划过脸颊一般令人感到刺痛。我丝毫不为此而放慢脚步，反而跑得更快，脑海中回荡着妈妈说的话，想着："既然谁也不帮我，那就自己帮自己吧。"

自己帮自己，用自己的力量向他人证明：我可以做到。那日，我竟赶上了一班公交，并按时到达了班级。感受着班级中的热气，我笑着，心田中开出了灿烂的花。

我至今仍为我当时的选择而庆幸。我没有依赖父母，我依靠着我自己，在风雨中，虽然背影依旧单薄、依旧弱小，但却已不再稚嫩。那一刻，我成长着，向着独立又进步了一分。记得小时候，父母会为了我能为自己穿衣穿鞋而欢喜不已；长大后，父母会为了我考试取得好成绩而显得比我还兴奋。但他们也从不曾忘记，要锻炼我自主独立的优良品格。长大，意味着自己将要承担更多，这或许会令某些人心灰意冷，感到前途渺茫，但不经风雨，怎见彩虹？只有经历成长，才能收获独立的品格、成熟的魅力。

学会独立，助我成长。待我真正长大，我就能帮助父母更多，让他们更为幸福；也能成为有用之才，为社会尽一份力。

# 赚 钱 难

张 炽

那天下午，我躺在床上看视频。突然电话响了，是老戴打来的。老戴是我们学校的游泳教练。

"喂，张驰啊。"

"我这里有个赚钱的活你干不干，一个小时左右，给你两百，最少一百五。"

我一听顿时来了兴趣，我昨日刚把零花钱用完，正愁着怎么过暑假的后一个月呢，老戴就打电话给我了，嘿，真是我的及时雨加蛔虫啊。

"恩，什么活？"我有些激动。

"就是帮我吸吸尘。我的两个救生员都跟我请假，明天泳池没人吸尘，不吸尘就不能游泳，明天早上索性就不开放。很快的，大概一个小时多点就吸好的。我把他们俩的钱都给你。"

幸福来得太快，就像龙卷风。我细细一想，超划算的啊。一个小时，最起码有一百五。这可比我一个月的零花钱还多呢。况且我也看过他们吸尘，就是拿着个吸尘器在水里走来走去就好了，完全不用动脑子的啊，在水里应该也不会很热，我得赶紧答应下来。"好的好的，那明天我什么时候来？"

“十二点半左右吧。我们早点吸完也好。”

“好嘞，好嘞。”我连连答应。

老戴也是我的教练。我对他最是敬佩。该严肃就严肃，该说笑就说笑，这就是老戴。每次训练吧，嘹亮的歌声或者有趣的笑话能够给我们增添不少乐趣。我也不管什么礼节，一口一个“老戴”这么叫着。我去他那游泳的时候，常常厚脸皮赖在他那多游一小时。他虽嘴上说着：把钱交来就让你游，却一点不拦着我，坐在泳池边笑嘻嘻地看着我。

当晚，我怀着即将跟最敬佩的老师共事的喜悦和能够赚到属于自己的第一笔钱的激动甜蜜入睡。次日，我在提前到达泳池，准备好了一腔热血。老戴还没到，但老戴的救生员先到了，“他们不是请假了嘛？还需要我赶快吗？……”我正疑惑着，但转念一想，“算了，不管那么多了，先把工作做完，把钱赚来。”

换好了泳裤，瞅了一眼外面的骄阳，摸了摸心脏，不错，心还在跳动着。我不禁暗自给自己打气：这可是我第一次工作，一定要做好，让老戴刮目相看。

老戴的救生员让我扶着水管跟连接吸尘器的管子，别让它们分开。我搞不懂这是要干吗，心中有点儿不屑，这么简单的活，这是在小瞧我的智商吧。当他打开了水管，我只感觉右手有股巨大的冲击力，汹涌的水流顺着水管进入吸尘器的管子，更多的是飞溅到我脸上，“我天，这么猛！”我在心里说。一瞬间，我就感觉自己支持不住了，弄得手忙脚乱的；我拼命地把两根管子靠在一起，脚也用上了，可还是没能阻止两根管子分开。真是狼狈不堪，老戴的救生员把龙头一关，手上一松，哇，终于停了。

我想刚刚肯定是没准备好，再来一次我肯定能控制住。然而现实是四射的水流疯狂溅到我脸上，只有痛，真够刺激啊。管子差点分开的时候，老戴的救生员对我喊道：“把管子放水里！”我赶紧照做，发现果然轻松了许多。暗骂自己蠢，傻傻的，想不到利用周围环境。

总算熬过这一劫，仍是一头雾水，不懂为什么要这样做。这时老戴的救生员问我："有吸力嘛？"我摸摸，还真有。恍然大悟，原来是利用水流强大的冲击力给予管子一个力的作用，然后水流出来管子就能拥有跟冲击力方向相反的吸力了，这样就能减少机器发动的时间了。还真是生活处处有科学啊！

一波三折，总算步入正题，我开始了漫漫的吸尘之旅。开始还觉得没什么，后来头发就跟烧起来似的。两只眼睛得一直看着水底，光的折射，人的移动，还有水中漂浮物的影子让我的眼睛觉得很是难受。长时间的站立，嫩腰也受不了。这活让我干一两次还好，长时间肯定干不下去的。今天总算体念到干活的辛苦了。

继续吸尘……

发现自己干活还是很有效率滴，四十多分钟就干好了，一尘不染。

终于到了最激动人心的时候，老戴检查完了，说："今天让你赚到了，泳池不怎么脏。"

我说："你来得太晚了，原来很脏的，我吸干净的。"

"今天只能发你一百了，他早上来吸了一下。"老戴用手指指旁边的救生员说。

还是有点失望的，没有赚到预料中的钱款。不过，拿着赚来的钱，心里开心极了。之后，却感觉心里沉甸甸的。

之前，用着父母的钱，真的是一点都不觉得心疼，当日发的零花钱，次日就用完了。也幸亏每个月就一百，我也只能揣着张红钞票潇洒一天，不然迟早把家败完。

现在，我收获了人生的第一笔钱，也发现了赚钱的艰辛。赚钱难，得将钱用到真正需要的地方！

# 别把信任不当回事

黄嘉乐

"儿子，我讨厌撒谎，撒谎是要挨打的，但你知道我为什么不打你吗？因为我爱你，但爱是相互的，我信任你，所以请你别把我的信任不当回事，好吗。"

妈妈坐在餐桌的对面，直勾勾地看着我的双眼，严肃地说道。

我的双眼被她眼眸中射出的丝丝哀伤灼痛，我慢慢地低下头，一脸羞愧。

今天中午，我吃完饭，一如既往的骑车准备去补习班。当快到补习班的时候，在太阳底下汗流浃背的我，居然萌生出了去同学家玩的念头。

念头刚刚萌发，就被我很快扼杀在了心的摇篮里：不好好上课，却去同学家玩，你对得起你妈的期望吗？

"可是你已经上了一个暑假的课了，你难道就不想休息，不想好好玩一把吗？"耳边响起了来自内心深处的抱怨。我开始犹豫起来，刚刚被扼杀的萌芽，蓦地再次生长出来。

"可我晚上都有半个小时的休息，现在怎么可以再去玩呢？"我在心里想到，狠狠心，往补习班大门迈了一步。

"啊呀，就这么一次，没关系的，走！去放松一下自己吧。"

"不行！"

"啊呀，没事的啦，快走快走！"

……

不知不觉中，我已经向内心深处的念头屈服了，可能……这才是我想要的吧。

踏进同学的家门，我就用电脑向老师请了一天的假，获得允许后，我准备给妈妈打个电话，但是我的手指，就是无法按下拨号键。

手指，在空中颤抖。

僵持许久，我最终放下了手机，我明白了，其实自己瞒着老妈出来玩的这件事，自己并没有勇气去向妈妈汇报，自始至终，都是我自己在安慰自己。

"妈妈肯定不会允许的吧……"

我甩了甩头，既然已经出来了，就已经没有回头路可以走了，如果有后悔药可以吃的话，我现在应该会吃。

但很可惜，这个世界上，没有什么后悔药可以吃。

下午，就这么在忐忑不安中度过了。

第一次这么后悔自己做的决定。

晚上，过了上完补习课的时间，我骑着车慢慢悠悠地回了家，站在家门口，我开始害怕起来，"万一……万一挨骂怎么办？"我掏出钥匙，紧攥着钥匙的右手手心里，早已充满了汗水。

回到家里，妈妈什么也没说，我紧张地放好了车，将书包丢到了书房里，以为接下来就是狂风暴雨的时候。

妈妈果然开口了：

"回来了？晚饭还没吃吧？来吃一点吧。"

我一脸震惊，我已经想到妈妈会对我破口大骂，甚至会动手打我，但这最后的结果，却远远超乎了我的预料。

我谨慎地坐下，心中充满了疑惑："妈妈这是打算干吗呢？"

"儿子，你不信任我了。"妈妈的声音钻进我的耳朵。

我一惊："怎么会呢？"

"你没有和我商量就去同学家玩，你在担心，担心我不让你去，所以你就干脆先斩后奏，不告诉我。"妈妈一脸严肃地看着道。

"我，我……"看着妈妈的双眼，我不知道该怎么说。因为事实，远胜于雄辩，而我，也只是那理亏的一方，毕竟错的人，就是我。

"我并没有责怪你的意思，我只是想让你以后再有这样的事，先和我说一声。你的确是长大了，可以自己做决定了，但我是你妈妈，难道和我通报一声，都很难吗？我不是不讲理的妈妈，只要你的要求合理，我有哪次没有答应的吗？"

我张了张嘴，刚想说什么，妈妈却挥手打断了我的话，"我知道你累，毕竟这么高强度的上课，哪怕是铁人都已经累了，但还有一年，累，也就累那么一年。"

妈妈叹了口气："我不打你，因为我爱你，我需要你信任我，我是你的妈妈，又不是一个陌生人，你说的话，我都信，我能信任你，但为什么你就不能信任我呢？"

"别把我对你的信任放在脚底下，踩完，再丢进垃圾桶里，我的信任，没有这么廉价。"

我低着头，什么也没说，沉默许久，我再次抬起头，默默直视着妈妈的双眼，忽的，我和妈妈都笑了。

妈妈在我的眼中看到了我的歉意，和来自我对她那信任的目光。

"不会再发生这样的事了，我保证。"

这不是我第一次的承诺，但它是持续时间最长的，它的持续时间将会是----永远！

毕竟在这个世界上，我们如果连自己的爸妈都不能信任的话，还有谁能，或值得我们去信任？

# 做一只断了线的风筝

俞 希

风，徐徐地吹着。

在公园里，或是在广场上，总有几个孩童和父母一起放着风筝这种脆弱的纸质之物，遇到了风也会飞得更高，像自由的鸟儿一样。

手，一牵，一抖，一放。

风筝无法得到自由，这是注定的，因为在人的手上还有一根细细的线，这远处看若隐若现的线却限制住了它的自由，它终生的自由。

我呢？也许就是那飞不高的风筝，我乘着风飞扬，可是，却不能像鸟儿那样自由。

我要鼓起勇气展翅飞翔，却不能让飞翔成为翅膀永远的愿望。

我要做一只断了线的风筝。

去拥抱风和太阳，去迎接雨和闪电，也许最后会像尘埃一样落地，但我也算是拥抱过了远方。

远方，谜一样的地方。

是风还是雨，是笑还是泪，是灿烂还是无底的黑洞。

天晓得。

去飞翔，去寻找属于我的一点空间，让我感受一回飞翔的感觉。

低头看地的人怎么会有梦想，只有对天空有向往的人，相信自己有翅膀的人才能飞上蓝天。

我看看天，再看看脚下的土地，我觉得我看天时很近，因为我属于那蔚蓝的远方。

不论远方，是风还是雪，是烈日还是闪电，我也要顶着头皮向前冲！因为我渴望飞翔，渴望飞翔时的自由，就算泪水模糊了视线，也要擦干泪，继续飞。

我是一只断了线的风筝，注定要迎接风和雨。

# 追逐远方的梦想

夏紫琳

远方的梦想，闪着微弱的光。想要成为老师，并非是我一念之间的梦想。

小时候玩过家家，总喜欢扮演老师这个角色，觉得它很高高在上。每次总是仰着头踱着步，一脸神气地，在小朋友面前。长大后，又觉得那是份神圣的职业，能拥有众多桃李，肯定会收获满满的幸福。

妈妈与我交谈，常问我，我的梦想是什么。而少时的我总能毫不犹豫，铿锵有力地说："当老师！"

可是，现实却残酷地嘲讽我，警告着我不要不自量力。我开始害怕。在一次考试失利后，我的心更是沉到谷底。我蒙在被子中，眼睛十分酸涩。我想，我可能做不到了吧。我哭了出来，但在这时，有人隔着被子，拍了拍我。我探出头，在水雾氤氲中，看见妈妈挂着微笑。我这么伤心，她还在笑？我顿时生起她的气来，重重躺了下去，又蒙住了沾满眼泪的脸。

"起床，别难过，一次考试失利怎么了。你不是说要当老师的吗？要有信心。"妈妈依旧温柔。"不要当老师了。"我闷闷地说。"怎么能放弃？要不停地激励自已追逐梦想。"我虽没吱声，但心田却涌起一腔热血。之后我的学习成绩虽有提升，但我深知，我离实现梦想还有很远。它就像一个远在天边的美好，或许我实现不了，永远触碰不到。

也许，它只能称为梦想吧。

真正改变我这种想法的，是一部电影。主角是一个"傻子"，一个被所有人嘲笑的人。也许正是因为他的"傻"，所以他才有一股别人都没有的"倔"。哪怕不被所有人看好，哪怕被所有人讥讽，他也从未放弃过那最初的梦想，哪怕是一分一秒。

正是他这种持之以恒的勇气，让我看到，梦想没有难易之界，既然选择了远方，既然选择了远航，哪怕前方有再多困难，也要披荆斩棘，全力以赴！即使它看似毫无希望。

就算远方的梦想模糊而又微弱，我也将搏尽全力。就算被所有人嘲笑，被认为是不自量力。我也会拿出破釜沉舟的勇气，勇敢去闯，闯向那个远方，那个心心念念为之奋斗的远方。

因为有梦，它会发光。

# 别太拿远方当回事

张骁栋

远方，带着层层迷茫，缠绕住我的身体。我欲移步，却寸步难行。我只能用彷徨的目光，一遍又一遍地掠向远方，奢求撩开她那神秘面纱。

难道只能这样吗？

抛开束缚，冲破禁锢，只身上路，去寻找远方。

天阴沉沉的，似要滴出水，我无神的眼光扯着孤寂的笔尖，在苍白的纸上勾勒着，想要将烦躁从笔尖倾吐出来，却只留下单调的ABCD。

"吱嘎！"门打开，尖锐的哀号让我皱眉。

母亲手提大袋小袋的菜从规矩的门框中挤了进来，气喘吁吁地安顿好菜，开始拖地。

拖把和橱柜的碰撞声像老鼠打洞一样，一声一声，撞在我的心坎上。笔尖的移动开始变得不自然。

"骁栋，"母亲终于拖到了客厅，她自顾自地和我交谈，"你要努力学习呀！不学习是要吃苦头的哩！"

我仿佛觉得，耳畔啰唆的音符就像作业本上枯燥的单词，同样的惨不忍睹，令人厌恶。我干脆放下笔，进入空白的神游状态。

"哎呀！想起来了，刚才你的教练打电话来了哩，叫你去参加一个什么比赛！要把握机会啊！听说中考加分呢！"母亲自顾自地说着，似乎在为她自己规划人生一般。

听到这里，我的心像被揪了一下，呼吸都不怎么顺畅了。

曾经有一段时间，我快乐地在跆拳道的世界中遨游，但随着时间的推移，我被套上了"优秀"的枷锁，锁住了我向前冲的锐气与勇气，放出了埋在心底的懦弱与胆怯。

于是，我默然退出了。

现在听到了这个消息，我的心中五味杂陈，恐惧又开始滋生。我怕！怕身体上无法承受的痛！怕失败带来的痛！而这种痛似潮水般袭来，连绵不绝，似要将我完全吞噬。我开始踌躇，迷茫又一次成功束缚了我的脚步。

远方总是这样！在我向前奔跑时，给我一记重击，把我击入万劫不复的深渊，而后又总会给予我喘息的机会，让我心悸地，战战兢兢地向前摸索，最后又给我一次重击……如此反复，带来的重重恐惧蚕食着我对远方的渺茫的向往，直到黑暗充斥着我的眼睛，不带一丝生机。

怔了半晌，我又不那么害怕了，我开始想，如果我去参赛了，说不定我就能成功。是呀！人生在世，为何不去闯一闯，拼一拼呢？

远方又算什么呢？他不惜一切地派遣挫折来阻挡我的步伐，又何尝不显现他心中的胆怯与恐惧呢？

我站起身，走到座机旁，我拨响了教练的手机。

——别太拿远方当回事，远方的面纱终会被我揭开。

# 顺着月光走

闭眼，聆听，我似乎听见了月光倾泻而下的美妙声音……好美！

明月之夜是静肃的。如若你从未体会到月夜的美，那么请你在一个月夜，顺着月光走，顺着自己的心去走。让自己的心灵飞一下，让自己的思绪静一静吧！

# 杏花为盟

安 好

"借问酒家何处有，牧童遥指杏花村。"初春风暖，淡香摇漾，我对着一树杏花幻想，我会不会在哪一天闯进杜牧的杏花村，找一个挂进红灯笼的酒家偷得浮生片刻清闲。细雨轻盈，落在衣衫上，温柔无声，杏花被带落几片花瓣，和着如丝细雨，缝一圈在我的裙摆。

次日，望池水青碧，想起昨日微雨打湿了残红，熟悉的花香载在燕子的双翅上，轻盈地向我扑来。我起身，花枝拂过我的发丝，留下一肩晨露。我站在满地残花中黯然伤神，有浅淡天光自云层漏下，残败的杏花竟那样轻柔，不忍惊动浮世喧嚣，静静地，一寸寸地沉入春泥，仿佛这就是它生命最完整的样子。

春色又来撩人，在桃花灼灼之下，世人皆忘却了"沾衣欲湿杏花雨"的婉转多情，都沉浸在灼灼桃花的惊心动魄的绝美之中，我却宁愿像杜郎一般在路上欲断魂，向着牧童遥指的杏花村，雨中独行，欲寻一处酒家薄醉，与杜郎一样青衫落魄。

"落花人独立，微雨燕双飞。"我俯下身子，低着眉眼，轻捧起一片残花，杏花是我与初春的盟约。落花中独立的人的眼睛像是盈盈的一方水池，盛着潋滟笑意，我轻声说："来年，我仍以杏花与你为盟。"

那一瞬，我心上的繁花开满枝丫。

# 紫藤花开

徐 阳

向山上望去，那抹朦胧的紫色撞入眼帘，引得我惊叹、沉醉。

在城中实在很少能见得到如此盛大的紫藤花开的场景。公园中的紫藤架下，往往长踞着看花的人，要是他们看到这开得如此肆意活泼、尽情舒展的藤萝，岂不是会纷至沓来，踏出一条通幽小径？

这花开得着实绚烂，周围的树木即使长得再高，紫藤也会攀附而上，远远望去，就像流动的瀑布一般。"四山花影下如潮"，不愧是花潮。清风徐来，她翻滚，似紫色的海潮；静默无风，她颤动，折射出灿烂的光芒。蜜蜂们在花间嗡嗡地闹着，若不是有水声泉响，这蜜蜂们的嗡鸣声会显得更加欢快吧。

我伸手牵一枝花，踮起脚尖，翘起鼻子一嗅，二嗅，甚至三嗅。开得如此绚烂的藤萝，却流落山野间而无人欣赏。我嗅着这沁人心脾却又清冽的花香，不免为之而感到惋惜。

漫步田埂间，紫藤离我愈来愈远，那幽幽的花香萦绕心间。看着那绿油油的田野，蓝天白云，鸟鸣婉转，细水东流，心不知不觉间沉静了下来，沉浸在这秀美的山川间。望向那如烟如雾般的藤萝，她仿佛在向我微笑，美得像一个不食人间烟火的仙子。

即使无人欣赏，无人问津，却依旧开得热烈，开得烂漫，因为这是一年中唯一的花季，我们唯有绽放。

# 顺着月光走

李　萍

　　明亮皎洁的月亮悬挂在黑夜的心上，犹如一块黑绸布上置放着一颗闪亮的珍珠，周围的疏星如散落的细钻石。我第一次发现夜空竟也是如此迷人。太阳炽烤了大地一日，现在也只剩了些闷热的气息。树叶浓密的矮树丛中，不知名的小虫在低吟着，那声音就如天上的白云那般轻柔。

　　我走出家门，顺着月亮轻柔的光，怀着平静、舒坦的心情穿过了茂密的由树的枝丫相交叠而成的自然隧道。在那隧道中，到处弥漫着植物独有的味道，那淡淡的清香萦绕在我的鼻尖，沁入我的心扉。清白的月光轻柔地透过几片叶子，使其如一块块晶莹剔透的薄翡翠悬挂在树梢之上，令人生起爱慕之心。几位白头老人坐在树底的水泥石板上，轻摇手中用棕榈叶编起的圆扇，怡然自得地聊着家常琐事。细细碎语在安宁的空气中传播，消散……

　　踏着轻缓的脚步，不经意便来到了幽静的小凉亭。这儿没有路灯，只有淡淡的月光散在地上。周围的植物被月光装点得一片朦胧，仿佛它们都深深地入睡了，一定是月光给予了它们美好的梦境吧！我走进凉亭，坐在大理石的小圆凳上，阳光遗留的热感立即传导了我的全身；无奈，我站了起来，看见了大理石圆桌上刻着的象棋棋盘，眼前忽的呈现出小时与小伙伴拿着石子儿在上面玩跳棋的情形，那时的小日子也真是悠闲而快乐呀……

走出凉亭看着天上的那皎洁的白月，仿佛世间的一切喧嚣离我而去，我感到了心有一种超脱自我的平静。闭眼，聆听，我似乎听见了月光倾泻而下的美妙声音……好美！

明月之夜是肃静的。如若你从未体会到月夜的美，那么请你在一个月夜，顺着月光走，顺着自己的心去走。让自己的心灵飞一下，让自己的思绪静一静吧！

# 奔放的玉兰

赖雅洁

春日的清晨，在衢州经济开发区这片大地上。伴随着磅礴的日出，那小小的美丽生命也在悄悄绽放……

初闻玉兰时，原以为它会像春兰那般，有着精雕细琢的含蓄小花，像隐秘在绿叶中娇羞的小生命。可当真正见到它时，才明白这美丽的小生命竟是那么的奔放热烈……

那满树奔放的芬芳，不带一点小姑娘般的含蓄，绽得那么大方、那么热情……雪白色的玉兰，真是花如其名，"玉"一般温润的羊脂白，衬着花下那几片袖珍的小叶，宛如不食人间烟火的仙子降临凡世，美得一尘不染，美得清纯灵动，美得惊心动魄……而粉紫色的玉兰，如夜光杯似的花儿底部沉淀着一层深沉的粉紫色，那瓣上的白色脉络，嵌在粉紫色里，渐渐的由下往上，变成清新的粉白，那样明快的颜色让它们变成了挥着翅膀飞舞的小精灵，站在树下仿佛都能听见它们的枝头高歌、欢声笑语。白玉兰是那种富有文静清灵气质的天上仙子，粉玉兰是那种充满可爱欢欣的小精灵。

不是一朵独秀，而是成群结队的一树树美丽生命，宛如一盏盏小巧玲珑的灯，镶在枝头，给人一种那么独特的感觉。它们挨挨挤挤地凑在一块，毫不吝啬地绽开笑容——似盛放着的荷花，那一朵朵玉兰将自己的灿烂笑颜淋漓尽致地展现了出来：有的是嫣然一笑，有的是咧嘴大笑，有的是莞尔一笑，有的还笑出了"咯咯""哈哈"的声来……那么可爱美丽的小生命，无须嘤嘤成韵的蜂儿，无须轻飞曼舞的戏蝶，更无须独树一帜的花形，只要它们愿意，单是那绽得奔放、笑得灿烂的模样足以让它们引得路人驻足欣赏……这是一片玉兰林，其美丽芬芳定然不逊色于日本的樱花林。

这些美丽奔放的小生命，使我又想起了宗璞的《紫藤萝瀑布》。玉兰、紫藤萝花——它们都是那样普通简单的花儿，在它们身上，都能发现那种久违的生命的喜悦，给人带来心旷神怡的愉悦之感。"再小的花儿也不会拒绝开放"，这句话说得多好！尽管它们平凡得只是路边或者园子里的小小装饰物——没有曼珠沙华那样妖娆奇异的花瓣，没有玫瑰那样火热的鲜红之色，没有夜皇后那样完美高贵的气质，没有丁香那样馥郁芳香的香气……但，它们将生命最美的一面展现了出来——生的喜悦。它们在阳光下，尽情地绽放自己，那一朵朵饱满厚实的花儿蕴藏了无尽的生命力；它们在阳光下，肆意地唱着属于自己的生命之歌。它们不因自己的平凡而自卑，而是奉献出自己最美的一面。或许它们只是花儿，没有所谓的烦恼，不需要踌躇徘徊，只要绽放自己就好。然而，这种"绽放"也是需要勇气与坚持的——也许它们的美丽会为尘埃所遮蔽，也许在它们盛开之后就会被无情地摧残，也许它们经不起大自然的考验，很快就凋零……但，它们用勇气与坚持谱出了生命最华美的乐章。

一缕幽香，是一丝生命之灵；一瓣玉兰，是一颗生命之晶；一片奔放，是一曲生命之歌……因为有了这样美丽的生命，我们才能生活在美丽之中。

在衢州这片热土上，那片奔放的玉兰，在阳光的轻抚下，更加肆无忌惮地盛放着自己美丽的生命……

# 汗水·春天

叶　丛

门前的玉兰花又开了，空气中弥漫着阵阵沁人的芳香。昨夜下了一场雨，滋润了这世间万物，冷清了半年的田野，终于重新热闹起来了。

从一年前的种子落入土地中起，这注定是一场无休止的战争，而春天就是战斗进入到最激烈的时期。一年之计在于春嘛，植物努力刻苦地生长着，期望有一天见到温暖的朝阳。它们早已受不了阴暗潮湿的土地，它们渴望沐浴在春天的和风细雨之下，这个愿望伴随着勤劳的脚步逐渐生根发芽，破土而出，纵使流汗流血也要完成自己的梦想。在寂静的春天夜晚，田野中会发出一些不易察觉的声音，是一些坚强的战斗者奋斗的声音，它们知道要自己来打扮这绚丽的春天，就必须要不断地磨炼自己，唯有将自己武装起来，才能征服大自然的残酷无情。

早晨，唤醒我的早已不是呼啸的寒风。不到六点，鸟儿动听的歌声便会准时传进我的房间里，清脆的音符从它们的嗓子中发出来的那一刻起，我们又不得不面对春天带给我们一天的挑战了。花朵散发的味道更香甜了——趁春天的大好时光，尽情展示着自己的生命味道；农作物生长的速度加快了——趁春天带来的无限希望，在广袤无垠的田野上尽情奔跑；沉睡了一个冬天的老树，没有被孤凉的寒冬摧毁——它反而长出了更多新的嫩芽。

正是如此，我们身边的生物都在刻苦地成长着，尽情在春天挥洒它们勤劳的汗水。春天的味道有时浓郁，有时淡雅，但勤劳的味道总能使我们感觉到亲切和喜悦。毕竟春季是蹦跳着来的，充满活力满载人们的期盼，我们所拥有的就是在春天前进的无限动力，也正是这份动力装扮点缀了整个春天的繁华——仿佛是人们用汗水来滋养着这春天的万物。

青春就如春天，我们也应该在现在撒下希望的种子，期待它早日生根发芽。如果我们现在只是挂着微信，聊着QQ，玩着游戏，上着淘宝，一年四季虚度年华，那么要春天还有什么意义呢？春天是最适合万物生长的，你见过哪个春天人们是待在家中睡大觉的？我每每出门，街道上都是一派繁忙的景象，人们都争分夺秒地奋斗着，为自己内心向往的美德付出。花香终究挡不住人们的勤劳，就连空气中也充满了汗水的气味，这就是春天的味道，它带给我们的不仅仅是享受，更应该是劳动，用自己的双手创造一个春天的美丽，见证春天带给我们的享受。完全崭新的一年，就应该有一个用双手来迎接春天。

春天像一个漫长的计划，错综复杂，你需要拼尽全力才能实现它的辉煌，流下的汗水就成了你青春的见证，你勇敢的象征。每一个人都拥有自己的春天，而春天的味道，就只属于你流过汗的那片天下。

# 夏日清晨

邱景云

　　时间刚刚滑过五点半，月亮拖着黑夜携着星星离去，千丝万缕的阳光，早已耐不住性子，从窗帘缝中调皮地钻入，照在墙面上，整个房间都亮堂堂的。

　　清晨，我与老爸一起去打球！这是爸爸昨天答应我的！

　　我们走在去健身公园的路上，我的老爸和我！

　　晨风悄悄地溜进我的心怀，凉爽的。金色的阳光丝丝缕缕，洒在屋顶上，楼房富丽堂皇；泼在大地上，大地金光闪闪；照在人们的脸上，人们露出阳光般灿烂的笑容……

　　好久没有和老爸一起运动啦！今天，老爸能陪我一起打球，我的心里是美滋滋的。我的心情如同清晨一般美好。

　　我与老爸打比赛，看谁投篮进球多。红色的篮球在我们的手里传递着，我抢得篮球，快速投向篮筐，"球进了！"我高兴得一蹦三丈高。"别得意，看我把你平啦！"老爸眼疾手快，一把抓住球，瞄准，投出，"哐当"一声，球进了。"耶！"老爸伸出右臂狠狠一挥，开心地笑了。看着老爸脸上孩子般的笑容，我也开心地笑了。

　　为了这个家，老爸太忙了。现在，我陪老爸锻炼锻炼，老爸玩得这么开心，真好！

篮球场上，一对父子在追逐，在跳跃，在欢笑。多么美妙的时光！

球正打得火热。突然，一个工作电话，把老爸给"呼"走了。

望着老爸匆忙离去的身影，我多少有些失落。但很快地，我就心情好转，因为我被这夏日的早晨给迷住了。也好，何不趁机欣赏欣赏美景呢？我便往公园深处走去。

我走在林荫小路上，抬头仰望，那一架架的葡萄枝繁叶茂，葡萄藤根根交叉，横向我的头顶；一串又一串颗粒饱满的葡萄沐浴在阳光里，令人垂涎欲滴。小路两边，一棵棵柳树在微风的吹拂下蹁跹起舞，显得格外柔美。高大的樟树向天空伸出绿色的手掌，樟树枝上结满绿色的果子，像一个个绿色的"小精灵"，玲珑可爱……

阳光洒向万物。夏日的清晨，生机勃勃，安静美好。

继续向前，我不知不觉靠近了一个池塘。轻轻的朝雾似乎从池塘里浮起——池塘的中间已一片碧绿，许多粉色的"圆球"昂首探出水面。"荷花！是荷花！"我在心中这样喊道。走近，只见十几朵红莲亭亭玉立于荷叶间，给人一种"鹤立鸡群"的感觉；花瓣上晶莹的露珠闪着光芒。我不由得驻足，我凝神观赏。"予独爱莲之出淤泥而不染，濯清涟而不妖……"我轻轻地吟诵起《爱莲说》中的诗句。荷塘四周一片寂静，我感觉这世界上只有我一人，我溶入了这一片荷花中。

忽然，一声清脆的鸟鸣声传来，又一声鸟鸣；一声，两声……鸟儿们在呼朋唤友，在展喉高歌呢！我向着脆亮的鸟鸣声走去，我要靠近鸟儿，尽情欣赏它们的美妙歌唱。

晨风凉凉的，撩起我的头发。我笑了，笑意写在脸上，笑意住进心中。

不知过了多久，公园里热闹起来了——谈笑声、音乐声、喝彩声响成一片，此起彼伏……

暑假的某一天。衢州市区健身公园。我与夏日的清晨相遇，真好！我，一个纯净的男孩，深深地陶醉在夏日清晨的美景中……

# 读　秋

黄　琛

周日下午，一打完羽毛球，我便从球馆走了出来。秋风阵阵，迎面拂过，满身是汗的我，享受着这凉爽的秋风，精神为之一振。

此时，我能够准确地判断出，秋天，已经驾着风车降临大地了。

秋天，是一个丰收的季节，但今天不知为何，天空灰云密布，太阳被严严实实地挡在了灰云后面，我不由得皱起了眉头。

走在路边，看着树叶大多已经从淡绿色变成墨绿色。秋风鼓起嘴巴轻轻一吹，早已摇摇欲坠的树叶终于不甘心地落到了地上。我弯腰捡起一片落叶，放在手中把玩，这一片原本墨绿色的树叶，现在已是微微泛黄。将手中的落叶一把丢开，我再次加快了脚步，向前走去。

秋天，是一个收获的季节——瓜果丰收、花朵绽放的季节。就拿菊花和柿子来说吧。爷爷的柿树枝头挂满红通通的柿子，摘一个放在手中，虽然很硬，但依然能闻出淡淡甜香。外婆亲手种下的菊花，金灿灿的，如同一个个金黄的线团。八月的菊花是椭圆形的，散发出淡淡的花香，边缘还长有许多小齿，花瓣有的直立着，有的如同鱼钩般钩起，还有的向下自由垂落，想到这，我不由得在心中感叹道："那模样，一定美极了！"

我走在路上，忽然想到再过几天就是中秋节了，一想到在中秋节要吃的一样食物——月饼，我就下意识地咂咂嘴，吸掉了快从嘴里流下来口水，摇摇脑袋，清空思绪。突然一片落叶从我面前飘落，我急忙伸出手，稳稳地抓住，原来是一片泛红的枫叶。抬头，见片片枫叶在树上摇荡，叶子和叶子之间相互摩擦，发出"唰唰"响声，如同一团热情的火焰，在树上摇曳多姿。

忽然感到脸上凉丝丝的，我下意识地用手去摸，才发觉是雨滴。雨点越下越大，我只好跑到一棵大樟树下避会儿雨。看着周围被清凉的秋雨蒙上一层薄纱，我不由地发出感叹："真美啊！"秋雨如同甘露，冲走世间的一切污秽，使迷茫中的人们为之清醒。

秋雨飘飘洒洒，好一会儿才逐渐停歇。我急忙迈开大步，顶着还未彻底停歇的秋雨，向着家的方向奔跑起来……

# 故乡的冬

陈靓莹

每年都会回老家过年，故乡的冬天便如我的故友，是我最熟悉的。

每次开车回老家时，总会下一场雪，或大或小，但总能让窗外一切陷入雪白。在车内看雪花一片片覆在车上，逐渐形成了一件雪衣。车子的雨刮器在不停地摇摆着，雪被它弄得"咯吱咯吱"作响。

奇特的是，每当我们来到村庄时，偌大的雪都会逐渐停歇，展现在我们面前是银装素裹的世界，偶有星星点点的绿不经意间撞入我们的眼帘。

故乡的冬十分湿冷，在早上时总能看见许多冰凌挂在房檐，往远处望去，由于起了薄雾，对面人家若隐若现的房子，仿佛是在梦里。那寒冷仿佛会钻进你的骨髓里，所以每次回去妈妈都会把我裹得像粽子。但在吃年夜饭时，我总是热得只穿一件毛衣。尽管屋外寒风依旧，可它却怎么也吹不进这间其乐融融的小屋。

一家人围坐在火锅前，面前是满满当当的佳肴，火锅"咕嘟咕嘟"冒着气泡，五彩缤纷的食材在鲜红的汤料中翻滚着，香味随着白雾扩散至房间的每个角落。外公"酒不醉人人自醉"，早已面颊通红；爸爸在同叔辈们畅谈香烟牌子和汽车性能，时不时碰碰酒杯；妈妈同她的姐妹们笑谈一年来的生活琐事；我同那些小孩们吃得满头大汗，却还时不时争抢着食物。鲜红的火锅汤中十几双筷子在不停涮着食物。人们一个个满头大汗的身影，但脸上都展露出幸福的笑容。

雪后的早晨格外明媚，初融的雪在阳光下闪闪发亮。我同姐妹赖到九点多，直到妈妈端来热腾腾的早餐诱惑我们，我们才恋恋不舍地离开暖和的被窝。饭后，爸爸领着我来到外公家顶楼的阳台，发现那里积着厚厚一层雪。它还未被脚印污染，显得十分纯净。但我注定要做破坏那份纯净的人，我兴奋地在雪上踩下第一个脚印，雪很柔软，只听见雪的"沙沙"声，那不深不浅的脚印便刻在那雪上了。之后我便无视了妈妈的叮嘱，徒手捧起雪，阳光下的雪还有些温暖，但捧得久了，便感觉到透骨凉意。但我满不在乎，开始认认真真地堆雪人，待到表兄妹们都上来时，我便出其不意，抓起一把雪，朝她们丢去，一时吵嚷声、欢笑声此起彼伏。等尽兴之后才发现双手冻得通红，此时，外婆准会送来一只火炉，手就着火炉烘烤好一阵子才渐渐伸展自如。

大年夜最有意思的事，便是和姐妹们一起坐在床上看春晚。因为太冷，便拿了个"汤婆子"烘脚。三个人中属我脚最冰，所以每当她们看节目昏昏欲睡时，我都会用脚在她们裸露的腿上狠狠冰一下，让她们在惊叫中清醒，虽然之后我肯定没有好果子吃，但在那时我还是笑得忘乎所以。

又是一年冬来临，今年的冬或许又会创造些美好回忆吧！

# 印象衢州

许琳骞

宋代诗人曾几曾这样赞美衢州："梅子黄时日日晴，小溪泛尽却山行。绿荫不减来时路，添得黄鹂四五声。"是啊，这江南水乡衢州，就是我可爱的家乡！

几千年来，多少文人墨客赞美过衢州，赞美过衢州的山山水水，也歌咏过衢州灿烂的文化。衢州历史悠久，古色古香，充满韵味。这里有着青山绿水，人们都幸福地生活在这片宁静的土地上。

前来旅行的外地人总会夸赞衢州，说衢州安宁干净，说衢州山秀水清。每次去爬山，也会遇到一大批外地游客，他们脸上挂着笑容，议论着衢州的山水。他们说来登山，就是来享受衢州的山水。作为一个衢州人，听到这些话，自然会有几分欣慰。衢州之所以出名，也是缘于这儿的山，这儿的水。也正是这个原因，这块美丽而可爱的地方才会经常受人称赞。

都说衢州是最适宜居住的城市，的确如此，不然"幸福美丽家园"这个称呼对于衢州来说就浪得虚名了！它可是2012年和2013年连续两年获得"中国十大宜居城市"的称号。这儿景致优美，空气清新，又被誉为"中国特色魅力城市"以及"中国宜居休闲之都"，这可都是我们衢州的骄傲呀！

说衢州这儿宜居，有着历史原因：远在新石器时代，我们的祖先就生活在这块依山傍水的土地上，凭借着丰富天然的资源繁衍生息。现在的衢州，经过世代勤劳衢州人民的创建，已变得那样美丽、可爱，这儿的人们很喜欢自己的家园。更重要的是，它见证了我们的出生，我们的成长，我们的梦想，我们奋斗时洒下的汗水。我想，这个美丽而可爱的家园，也一定会向更高的境界发展！

说到这儿，我也不得不说说"五水共治"的成效。前年，我们衢州就开始实施"五水共治"行动，现在行动还在继续。有一次，我亲眼看见了一幕"五水共治"的场景。城区上街的南湖，一段时间，水被抽光。当时，我很疑惑，他们到底在做什么？而后来，我才明白，原来他们在进行疏浚河道淤泥，加固河道，洁净南湖水。经过整修，南湖水变得清澈无比，湖中荷花青翠飘香，鱼儿自在翔游，这里的景象，还真像杭州西湖呢！

089

近些年来，我们衢州注重以景区化、景点化的思维，制定"一年治黑臭，两年可游泳，三年成风景"的"五水共治"整体计划，同时力争治水实现衢江"水清、岸绿、景美"的目标。"五水共治"让衢州的环境大为改善，衢州向着更美的山水迈进。

金秋十月，丹桂飘香，银杏叶黄，衢州的景色美如画。我爱衢州，爱她的山清水秀，爱她的宁静淡泊。神奇的衢州必将成为人们最宜居住的家园，它是我们可爱的家，是我们值得骄傲的乐土。

印象衢城，定格最美的风景，定格最美衢州人……

# 山之城 水之城

景 韬

家乡，在每个人的心中都是美的。对于我来说，衢州就是如此。

我经常梦见她，那儿有山有水，宛如一幅隽永的画卷。山总是那么斯文，静默着；水总是那么优雅，流淌着。我乐于享受那里的细腻典雅。

山，是不高的，但有着另一种独特的韵味。满山的草木散发着无限的生机，绿葱葱的随风摇曳着，掀起一层一层绿浪，这浪也并不如海浪般高大，它是温和的，无瑕的。沉浸其中，就能感到无边的惬意与生机从毛孔渗入，这就仿佛躺在山的怀抱之中，一切都是那么风轻云淡。有些山，还是婀娜多姿的，比如江山的虎山，江郎山，开化的三衢石林等。它们屹立着，展现出无尽的风采，如此的奇异又如此的自然。就如老舍先生笔下的济南，衢州也被群山环抱着，向四个方向极目远眺，那尽头总是山。群山为衢州挡住了许多寒潮与热浪，因此衢州既不冷也不热，旱涝灾害也很少发生。每次从外地回来，看到那些熟悉的山峦，它们就好似在家乡的故人，等着你的归来。

不得不说，衢州的山是半个衢州，而水呢，依旧是。

这里的水，并没有长江的波澜壮阔，也没有黄河的汹涌澎湃，这儿只有涓涓的细流和无穷的诗意。柳絮垂下来，飘在水面，与花瓣共舞，水中略带一丝绿意，鱼虾仍清晰可辨，虽不是乌镇、周庄，但还是有一派江南水乡的味道。我特怀念以前那与水相伴的时光：门前有一条浅浅的，清澈的小溪，里面有一些白色的小鱼，连豆荚都比它们大，只要手轻轻放在它们底下，慢慢地靠近收拢就可以抓到。夏天，我也喜欢挽起裤腿，站在水里，十分清凉，溪流包裹着我的双腿，带走热意与烦躁。我与水的记忆深埋在我心中。后来这条溪水被污染了，我也曾为她伤心过。但现在，家乡的小溪活过来了，河堤坚固，河道清洁，她又唱响起清亮活泼的进行曲。就是这有点甜的水呀，才使得衢州如此多娇。水，是衢州的血脉，流经人们，流进人心。

这些山，这些水，是衢州的，衢州也就是她们的。衢州是我的家乡，如此的多彩，如此多娇，无须多言，作为衢州的儿子，我深有体会。

# 时光里的景致——衢城

余贝晗

夜幕降临，我伫立楼顶，望见深蓝天幕下安静生息着的小城，静谧、温和，耳畔仿佛响起了悠扬的笛声，久久不散。衢城，温和如斯，好像在诉说一段美好的陈年。现在，我愿诚恳地倾听。

从小就与江滨结了缘，蹒跚学步时就异常喜爱这里。初夏，樟树籽落满了一地，我便饶有趣味地踩着跳着，踏出一支"噼里啪啦"的欢乐颂。那时觉得，这应是最和谐的天籁。路旁石壁上精致地刻着四字成语及衢城的历史文化，彼时"衢州三怪"的奇闻轶事，"一箭双雕"的精彩之谈，至今，仍记忆犹新。正是从那时起，我开始一点一滴地了解衢城。

渐渐地长大一些，我便可以在一场细雨后，独自来到衢江畔。平静的江面上，悠然地泛着几叶渔舟，空气中弥漫着土壤与青草的气息，拂去尘世纷杂。草木依然繁茂，在雨露的滋润后，自由地呼吸与生长。我撑伞默立，只觉得：万物美好，我在中央。

若说江滨如同安宁的世外桃源，那么钟楼底则是极富生机的繁华之地。在这里展现的，是世代衢城人的生活状态。清晨，这里便热闹起来，商贩们早已摆开摊子，抑扬顿挫地吆喝起来。远远路过，便能知道今日又上市了些什么物美价廉的货品。早点店也已准备好了美味，烧饼夹油条，热滚滚的甜豆浆，人们吃饱了早饭，总是有安定的满足感。如今，钟楼古迹虽保存得不完整，但每每踏过参差不齐的鹅卵石路，触到长满青苔的石壁，望见巷间穿梭的人影，就宛若重新走过古老的衢城。抑或，真切分明地感觉到衢城的心，在不停息地跳动。

要说对衢城是怎样的感觉，我说那是喜爱，是对母亲的那种爱吧！是因为我在这里生活了十几年，所以在无形中有一条脐带将我们紧紧相连！我不知道。我爱我的母亲，我们血脉相连，所以彼此产生的爱没有来由。我爱衢城也大概由此吧。

可是谁曾想过，衢州也曾迷失过。衢江底沉积着厚厚的淤泥，水中漂浮着腐烂发臭的垃圾。不过幸好，在人们的努力下，它正变得越来越美丽，呈现出它本该就有的魅力。

其实我们有能力保护美好的事物，为何要在破坏它之后才懂得珍惜，才懂得改变？

我喜爱衢城，不仅仅是因为她是我的家乡。这里的一草一木、一砖一瓦都深深地令我着迷。亘古悠长的时光，日复一日，年复一年地流淌。而我的衢城在无限的时空里被那如同蜜蜡一般的时光浸得愈发鲜亮而依然古朴自然。

　　既然连时光都能让她变得更美，我们为什么不好好爱她呢？——就像爱自己的母亲一样，没有理由，义无反顾。

# 小城大爱

周　洁

　　我不确信我是否可以在我的衢州小城里遇到所谓的"大美"、"大爱"，但是我相信，我一定可以浸染到那些看似渺小却庞大无比的爱。因为，它们一直在出生，在生长，在奔跑，且永不停歇。

——题记

　　"司机叔叔，到这里就可以了，不用再进去了，不然你很难倒车的。谢谢啊！"邻座的大姐姐拿上几个袋子，推开车门，撑起雨伞，下车。

　　司机却连忙叮嘱道："小心啊，下雨天路滑，过马路的时候注意安全。"

　　听到这句话，心里忽然一震。

　　声音并不是细腻轻柔十分悦耳动听的，但那样一句话忽然就让人感觉——心田被一场甘霖浇灌了。淡淡的甜，淡淡的凉，夹杂着丝丝细腻的生气，就这样不断地渗透进心里，感觉自己心的某个部分被慢慢地填满，整颗心顿时柔软起来，而且光彩更甚。

司机的目光看向正在小心翼翼过马路的大姐姐。我坐在后排——这个角度，我看不清他的眼神，但我隐隐觉得，那目光里一定贮满了关心和爱护。

心头忽然浮现几个星期前，发生在小区楼下的一件事。

那天的太阳毒辣，仿佛将人塞进了一个大蒸锅里，不断蒸，不断蒸……

下楼时，我看见住在四楼的大婶从老家回来，怀里还抱着一个没满五个月的小婴儿。

身后的出租车旁，堆了一大堆行李。我真怀疑，这么多东西她怎么拿得动……

出租车司机从车后绕过来，问："大姐，你家在几楼？我帮你拿上去吧。你看你抱着个孩子多不方便的。"

一件又一件行李被搬上四楼……他的额头上逐渐冒出了很多细密的汗珠，一点一点往下滑，汇成大水滴，滴在衣服上，滴在地上……

出租车司机的形象收纳进我"最美人物"的宝库。

一年前的一件美好往事，跳跃在我的脑海里——

那一天，我从新华书店出来，天雨，我没伞。觅得一辆出租车坐上。快到家小区门口时，我才记起钱好像用光了。顿时，我心里开始慌乱，忐忑不安地问司机："叔叔，那个……好像我忘带钱了……您在这里等我一下，我上楼去取可以吗？"小心脏一跳两跳的，狂跳着，就怕他拒绝，然后在大庭广众之下将我骂一通……没想到他竟然说："算了，不要紧！这点钱没事的……小姑娘，下次记得，别忘记就好。"

后来打了好几次出租车，一直希望能遇到他，将那次的钱还清，并说声谢谢。但是却一直没有再看见过他……

我忽然就淡淡地笑了起来。——这样，真的很温暖，很感动啊。

目光透过被雨渍侵袭的车窗。

窗外是各种行色匆匆来来往往的人。

这个默默无闻的城市里，每一天，都有许多事发生。那些温暖和爱，虽然大多是渺小到不值一提的——但是，它们却能改变很多东西，比如，一个城市的温度，一个城市的风采。

这种淡然的"爱"就像是一种生命，它只要有一点点萌芽、一点点养料，就可以长大。

无尽地长大。永不停歇。

我们永远不知道它会在这个城市的哪个角落里出生。

它摸不到，听不到，闻不到，但它的出生必定是如同阳光一般，伴随着光和热的。

如果衢州这座小城市的哪个角落忽然明亮了些许，温暖了些许——那么一定有这种名为"爱"的生命在出生，在生长，在奔跑。

# 桃源七里行

## 姜 婷

远处的天空，弥散着如轻烟似的云雾，一座座巍峨的山掩藏在其中，只露出小小的山顶，如梦如画，像极了仙境。此时，我正在去桃源七里的路上。

七里多山。在一座座小山上，一条盘山公路蜿蜒在山底或半山腰。不久，车子驶进丛山中。车子驶下一座小山，却爬上了另一座小山。

到达目的地后，欢迎我们的是一丛丛栽种在路边的大丽菊，大朵大朵地绽放，形态多姿。她们迎阳光而灿烂，接游人而欢笑。

蔬菜长廊，可真是一个好听的名字，可当你进去了，你就会傻了眼并且感到奇妙。一条条藤蔓附在长廊上，叶子随风摇摆，但结出来的葫芦、丝瓜等可就奇怪了，越看越喜欢，却舍不得吃。这长廊上的各种瓜果与平常的完全异样，颜色变了，形状变了，有些连种族我都认不出来了，植物真奇妙。

高山蔬菜，不就是种在山里的蔬菜吗，结果跟我预想的一样，大片大片的山地上种满了茄子、西红柿、黄瓜、辣椒等蔬菜。我想，等到该收获时，场面该是多么热闹啊！

中午到了，我们徒步去农家乐吃饭，穿梭在山林之间，感觉真奇妙。我不经意地瞄了一眼黄土岭的龙潭瀑布，虽然高度不高，但也堪称自然佳作啊！顺着潺潺的水流顺流而下，便到了农家乐。这农家乐的位置得天独厚，就在小河旁，在这儿用餐，岂不甚好？我们速速吃完了饭，赤脚踩入清澈的小河中。河水不深，而且有许多大石头，东一块，西一块的，虽然没有秩序，但在我看来，还是有一种错乱的美感；而且，有了这些大石头，更便于我们在河中嬉戏了。但我只在意到大石头边找青蛳，它的肉虽然少，但肉质美味，而且，有青蛳的河里，一般都是水质较好的，没有什么污染。果然，七里的水质不错吧！我还用小小的抄网在水中捞到几尾小石斑鱼。

玩尽兴后，我们徒步去大头村等公交车回城。一路上，看见茂密的竹林在山坡称霸，山涧里偶尔镶嵌着几朵橙色的小花；有些地方，还生长的箬叶，可以用来包粽子哦。吃饭时遇到的那条小河，依旧在我身边流淌，我想，它一定是流过了许许多多的山，源远流长。我来到一座石桥上，把我捉到的青蛳和小石斑鱼都放回了它们的家。现在，我也该回家了。

当我踏上归途，告别七里丛山时，我眷恋地回头，那满眼的翠绿，那一溪的澄澈，令我难舍。我觉得，我一定会再次回到这里，再次享受这无边的风光。

# 浮盖山漂流记

张雨凡

"啊——啊——啊——"随着一声声响彻山谷的尖叫声，我们坐在皮筏上，用力挥着桨，互相泼着水，一次美好、刺激、欢快的奇妙漂流便开始啦！

这天，太阳高照，气温极高，是个漂流的好日子。我们一家人回到老家——廿八都游玩。

我们两两搭档，分为五组。大家互相帮忙穿戴好救生衣和头盔，然后登上皮筏下水啦！在"漂游之旅"正式开始之前，大家先上演了一场小闹剧——泼水大战。有的拿着水枪、水瓢，有的脱下安全帽盛水，有的赤手空拳用手捧水……小孩尽情地玩耍，大人们也瞬间变成了大小孩，没有约束，没有拘谨，所有人玩得忘乎所以！我和弟弟联手，与几个不认识的哥哥泼起水来，玩得可开心啦。大家都展现了自己最可爱、最真挚的一面，彼此间更熟悉、更亲切了。

十几分钟过后，漂流开始啦！大家忙整理好救生衣和头盔，紧抓皮筏等待出发。从几米高的地方，皮筏陆续被工作人员用杆子一把推下，随着急流速冲而下。皮筏左倒右歪，差点翻船，冰凉冰凉的河水冲刷上来，淹没我们的身体和头颅，只看见黄色的头盔在摇晃着，真是透心凉！一瞬间，大伙儿的激情被完全点燃了，尖叫声此起彼伏，连绵不断，有男高音，也不乏女高音，这气势比黄河的咆哮还要磅礴。

河道大约五公里，全程都在深山之中蜿蜒；其间落差大约一百米，总共有十多个跌差。在经历几个激情给力的起伏跌差后，就来到了较为平缓的河面。皮筏之间的相互接近，也触发了一场"战争"：小孩们拿着瓢儿使劲往外泼，大人们与小孩连成一帮，并肩作战，一致对外；有些人则不堪重负，抱头大喊投降。最常见的场景是"螳螂捕蝉，黄雀在后"，防不胜防，当你泼别人泼得爽翻时，突然从后背或头顶临来一场清凉盛宴，唉！那滋味，真是倍儿爽！玩得嗨啦，大家索性摘下头盔，尽情地泼水玩乐。

玩累了，就放下"战斗工具"，倒卧在皮筏上。仰头望望蓝天白云，赏赏山间的优美风景，这是多么美好的一件事啊！

到了最后一站，是浅浅的溪河，水底下有柔软的白沙。许多孩子又放纵了自己，跳下皮筏，开始游起泳来。大家都不舍得从水中出来，又玩了许久，直到车子来了，大家才恋恋不舍地上岸。

这次漂流之旅，玩得很嗨也很疯，我很开心，但更高兴的是我结识了一些朋友，收获了友情，锻炼了胆量，留下了一段美好的回忆！

# 游桂林山水

黄梓洋

暑假里，我跟着同学去桂林游玩，去感受桂林山水的奇美。坐上高铁，颠簸了七个小时后，我们一行人成功抵达桂林。

第二日一早，我们整装待发，前往桂林有名的佛教圣地"日月双塔"。在阳光的照射下，日月双塔反射出耀眼的金光。听导游解说，月塔是一座琉璃塔；日塔是由纯铜建造而成的，消耗了大约三百五十吨的铜材！我不由得惊叹，这真是个庞大的工程。而且日塔和月塔之间没有横空的连接口，唯一的接口位于水下，这也是该景点的一大特色。

下午，我们前往桂林最高的一座山——尧山。我们乘着游览车，向山顶行驶。俯瞰山间，绿草萋萋，树木葱郁，生机蓬勃。在山顶的观景台上，我找到一个合适的位置，远眺，桂林的景致尽收眼底，眼睛十分享受。又静静地享受一杯冰酸梅汁，十分惬意！

到了桂林，怎能不游漓江？漓江可是桂林最有名的景点，可看山，可看水。这不，第三日，我们登船前往阳朔，顺着漓江一路行驶。漓江两岸，一座座山峰拔地而起，独具特色：有像八只蝙蝠的，有像九匹骏马的，有像《西游记》中的师徒四人前往西天取经的……在漓江上最不能错过的，应该是二十元人民币的背景图，经过此地，几乎所有人都要走向游船的三楼，找一个最佳角度，进行拍摄。

漓江的水清秀静美。与壮阔的大海相比，它显得心平气和，像一位慈祥的母亲；与如镜的西湖相比，它显得更加清澈，更加碧绿。"群峰倒影山浮水，无水无山不入神"，有了漓江，桂林的山水才称得上是甲天下啊！随着游船的前行，我仿佛进入了山水长卷中，真是"舟行碧波上，人在画中游"。

到达阳朔，已是下午。我们便去游玩银子岩溶洞。那里，汇集了不同地质年代的钟乳石，宛如夜空的银河倾斜而下，闪烁着像银子一般的光芒。

最后一天，我们玩了竹筏。参观了靖江王府，其中有一座山，名"独秀峰"。"桂林山水甲天下"一说就是出自于独秀峰的石刻上。傍晚，我们观看了"印象刘三姐"大型演出，看得我如痴如醉。

这一次桂林之行，真令我心旷神怡！

100

# 一则旧日记

周　园

小时候，我有着写日记的习惯。渐渐长大，经常翻看自己儿时的日记，它总是能唤醒我内心深处的记忆。可最令我记忆深刻的，还是那一则旧日记。

那天，我和妈妈的战争还像往常一样打响。她就回来小住几天，我却还是没有克制住自己的情绪。吵架的原因依然是一些鸡毛蒜皮的小事。

在双方休战的时候，我想也没想就跑上了楼——看日记。我希望儿时写的日记能给我带来一些乐趣。

我在柜子里翻了好久，终于找到了一本放在最深处的本子。

这本本子非常厚，翻开纸张一看，都有些微微泛黄。清秀的字体不可能是我写的。

看到了第一页的名字，不禁让我大吃一惊，也让我有了看下去的兴趣。前面几则都是一些趣事与心得，让我有些乏味；但往下看时，我的眼睛又睁圆了——

孩子，你的出现真的是让我感到害怕。但是，我却又不忍心放开你。你的外公外婆都不愿意替我抚养你，我该怎么办？但我不舍得将你丢下。或许等你长大后你会埋怨我，恨我无法给你幸福。我只能将你托付给别人，外公外婆一定会心软的，它们会答应抚养你的，你必须得委屈一段时间。

孩子，你知道我为什么为你取名"周园"吗？因为我希望你以后的生活能幸福美满，不要受妈妈这样的苦。

孩子，妈妈要走了，不能长待在你的身边，我很抱歉。不能让你感受到妈妈的温暖，孩子，对不起！

日记后面还写了什么，我已不记得，但是那"对不起"三个字却深深地映在了我的脑海里。我真的不知道从前这个一直被我认为不配做妈妈的女人是这样的辛酸。

这一则旧日记，虽然不是我写的，它的内容并未唤起我的笑容，却让我充满着忏悔。

不错，这篇日记正是我的母亲写的。以往，我总是埋怨她这儿她那儿。曾经，我还大声地对她吼道："我没有你这个妈妈，你也不配做我的妈妈！"

现在，我难以想象她当时有多么的痛苦。她当初在外面奋斗，吃了很多苦，都是为了我。我的出世为她带来了那么多的苦，可这个女人都承担下来了，从未放弃过我。

一则旧日记，唤起了我对妈妈的惭愧与理解。妈妈，对不起！

# 当叛逆期遭遇更年期

姚雨霏

当叛逆期遭遇更年期时，大战一触即发。我们家也不例外。

经过多年洗礼后，我顺利地进入叛逆期。但我生性随和，所以我平时不发作。我的老妈，也成功的地步入了更年期的殿堂。我妈妈也比较理智，平时也不发作。虽我们这两座火山平时不爆发，可一旦爆发，必定惊天地，泣鬼神。

这天，我在家里一边照看妹妹，一边写作业。到了晚上七点，妈妈加班回来看到晾晒的衣服还没收，她就骂了我一顿，我知道她是累了，就立刻把衣服收了回来。妈妈一看火炉上有溢出来的饭，就责备我："你做饭的时候在干什么？"我心中立即升起了一丝不悦：我既要照看妹妹，又要写作业，不曾落下功课。能把生米做成熟饭，已经不错了，她还怨这怨那。唉，罢罢罢，谁让她是进入更年期的老妈呢。我给她当一次出气筒也无妨。

晚饭后，妈妈看见自己的床还没铺好，就说我："你真么越来越不懂事了！还不如小时候，我上了一天的班，你就不能帮我铺一下吗？"此刻，我怒火中烧，也不甘示弱，就把这几天的学习压力以及近来的不顺心一次性发泄了出来："你自己的屋子你自己不会收拾啊，什么事都指望我。我知道你今天累了，可你这么说很伤我的心。我学习上也有压力，我和你吵了吗？我不还帮你做饭，看妹妹吗？也没落下学习。你不用这样吧！"妈妈也十分生气，说："你要是什么都好，我还跟你吵吗？"我接了一句："我不是十全十美的！"便冲回了房间，把门狠狠地关上了。与此同时，我也听到了一声重重的摔门声……

第二天，冷静下来的我，有些后悔：妈妈生我养我也不容易，还起早贪黑干活。昨天我也有错。如果我把我能干好的事都干好了，还会如此吗？想到这里，我决定向妈妈道歉。在餐桌上，我刚想道歉，妈妈就先开口了："昨天工作太累了，看到家里的样子也是心烦意乱，我知道你学习也不容易，还照看妹妹。昨天是我不对。"听到这里，我心里也涌上一股滋味，酸酸的，暖暖的。"妈，昨天是我不对，如果我把我能干好的都干好，也不会让你生气；更不该和你吵架，那时我是生气了，才顶撞了你。对不起！"我一说完，妈妈便流下了泪，说："我的女儿真是懂事了。"

这就是叛逆期与更年期的大战，是和平的大战，感人的大战……

# 路　标

吴汇林

懵懂无知的我们，在成长路上，总有碰壁的时候，有迷茫与失落的时候。每每如此，我总能找到那个为我指引方向的路标，她领我向前，走向光明的大千世界，而自己却留在原地，不声不响。

记忆里的母亲始终是和蔼的，我若是犯错，她也会郑重其事地教育我。那一回，我在学校里与朋友闹了矛盾，回家后仍耿耿于怀，做事心不在焉。正忙碌的母亲敏锐地发现了，问起来，我便答："唉，看来与人交友这事，于我而言实在是无望了。"她闻言，像是听懂了我言下之意，我听她叹了叹气，停了手中的活，深思了好一会儿，说："孩子啊，你还小着呢，上帝给你一辈子时间生活，与人沟通何难之有？可别急于一时啊。"她并没有如我想象中那般谴责我，却也丝毫不会偏袒于我，母亲总是这样，她心中的那杆秤从未因什么而动摇过。只不过在那时，是非在我心中不像母亲心中那般清明果断，我执着的不过是孩子气的"假"真理。

听她这么说，我倒有些不悦了："明摆着不是我的错呀！您为什么不肯帮我说几句呀！"母亲笑了，皱纹不肯乖乖隐藏于她的脸庞，霎时间绽开了花，是那样刺眼，"可是，并非所有对错都会立刻得到解决，你要的公平不仅仅针对你一人，"她说，"耐心等吧，时间会证明一切。"这么说来，我又有些愧疚了，我说不过母亲的大道理，年幼的我太过于渴望真理，一味地强调事实了，对错在我心中仍是个概数，本不必如此纠结的。

待我渐渐成长之时，母亲的老去显得如此无奈。她额际上的白发看似一日多过一日，家庭琐事让她抽不开身，于是对我的管教不知不觉少了，更多的是感叹与放手。

一次闲聊，我与她说起一位当代有名的作家，对于他的作品我如数家珍滔滔不绝，而母亲却一概不知。我嘲笑她落后于时代，她竟也无言以对，正忙于缝缝补补的她，只不过把我所说的当作是饭后谈资罢了。我总疑神疑鬼的，怀疑她没将我说的放在心上，是不尊重的举止，故有些不悦。见我不再说下去了，母亲也许是察觉到了，她的脸上溢出一抹苦笑："唉，我可是要老了，已很少像你们这般追逐与时代了。我将你培养长大，莫要就此辜负了。"我闻言，感觉到母亲的神色有些悲凉，说话声中，眼里隐隐闪烁有微光，"到处看看也挺好，也当作是为我饱了这眼福。"语毕，她极力掩饰着慌张，不再搭话，我无以为答。没想到从小道理说得头头是道的母亲也会有一日承认自己的老态，这像是意味着将她一颗年轻的心全寄托在我身上，想到这里，我不禁潸然泪下。

母亲为我指明了这么多年的路，每逢各个岔路口，她总是如约在那里为我指明漫漫前路。母亲虽不是颇有见识之人，但她心底是满足的吧。

# 碎　念

黄惠芳

有时，耳边会有几声看似不必要的叮嘱，打破了我的宁静；很烦，而我却很享受。

——那是一种碎念，来自一位母亲对儿女无私且无尽的爱。

你知道吗？这是一种爱的表达式，只有深爱着儿女的母亲才会有这种爱的表达式。

正是在这种碎念中，流淌着无穷无尽的母爱。

也正是这些零散的碎片般的碎念，聚在了一起，合成了一幅万里江水图。

——不错，这是用点点滴滴的爱汇成的江河，其中的每滴水都凝聚了母亲那温柔而深情的爱；而你，则是这万里江水中的一叶舟；是那爱流水流出的波浪，推你驶向前方，也是那爱的暖风飘出的江风，吹鼓你的风帆。

也许，狂风暴雨会在你没有任何防备之下来到，但，那是上苍给你的磨砺，那是母亲对你的爱意。

话说，打在儿身，痛在娘心。

没错，对儿女惩罚，是需要一位母亲有极大的勇气的！

所以，不论是大浪狠狠地拍打在小舟上，还是大风猛烈地撕咬着风帆时，那给了小舟远航能力的人将会承受加倍的伤痛。

或许，处在风暴中的你会很伤心、很委屈，但请你不要生气，因为你要理解一位母亲望子成龙、望女成凤的心情，也请你不要痛恨，因为你要领会一个给了你生命的人对你别样的爱。

就是这些碎念，有时是关心，如江上细波逐流，微风轻漾；有时是唠叨，像江中河水乱流，风吹无向；有时是引导，似江面水向东流，风吹帆鼓；有时是教训，仿佛江中浪起波滚，风舞帆倾。

但，无论是怎样的情感融入，都是母亲对儿女的爱。

真的无法用言语所描述，只有用心，才能领会，那份无边的爱，仅深藏在那零星的碎念之中，看不见，也摸不着，只是享受着，那母爱的温情。

记得，母亲常说，做儿女的，往往要等到自己为人父、人母时，才能明白做父母的心。

是的，这是多么对的一句至理名言哪！

还是儿时的我们，总以我们那稚嫩的想法去探测父母的心思，而怎么也不能理解。总是天真的将母亲那爱的碎念归类于烦琐的唠叨和不必要的叮咛；却不知那是母亲对自己满满的爱。

却总是等到长大后，工作忙碌，不再伴父母左右了才思念起儿时母亲那无尽的碎念，才想去好好享受母亲那般别样的爱，才相好好听听那久违了却依旧的碎念。不再嫌母亲唠叨，不再嫌母亲烦，而是觉得很亲切，很温暖。也只有这时，才会想到珍惜母亲这份碎念，这份爱。

小时候，总觉得离母亲太近了，好烦；长大后，摆脱了母亲那紧箍咒般的碎念，又觉得离母亲太远了，好怀念小时候的时光！

——人总是这样，待到离去了才学会珍惜，真是贻笑大方！

真的，静下心来，好好去想想，和母亲在一起时，耳畔无尽的碎念，它是否使你的缺点减少，优点增多了呢？

或许，年少无知的你还未能察觉，但当你长大后，你就会发现，你是那样依赖那些碎念。

好好去享受吧！享受母亲的那些碎念！那是母亲对你最圣洁的爱……

母爱，是不需要太华丽的装饰的，更不需要那些浮夸的点缀，可能仅仅是那些简简单单的碎念。

107

# 敲开睿智之门

　　《伊索寓言》具有无穷的思想价值与艺术魅力，它是每个人一生中都不应错过的灵魂驿站。它经过了岁月的洗礼，时光的沉淀，它是沙里淘金留下的精华，它是璀璨迷人的珍珠，它散发出圣洁的光，将我们带入文学的殿堂。

　　请敲开真理的大门，在真理的海洋中遨游吧！

# 沉默的父爱

吴浙云

不知道从什么时候起，爸爸的形象在我的脑海中定格成了一个沉默、不爱说话的人。

以前总是看见同学与自己的爸爸十分亲密。每次放学，通常是爸爸来接他们的。当他们看见自己的爸爸时，总是张开手臂，扑向爸爸那温暖的怀抱，嘴里不停叫着"爸爸"，脸上洋溢着幸福的表情。看着如此温馨的场面，我不禁想起自己与爸爸好像很久没有这么见面了，而每次见面，两人都十分沉默，没有什么话题可聊。我不禁有些羡慕他们与爸爸之间的关系。

一个晚上，爸爸来学校看我，又买了一大堆的水果和其他吃的。每次爸爸来看我，都会买吃的。也许是因为爸爸知道我不爱吃水果，想要我多吃些吧。我和爸爸待在一起似乎注定无话可说，不一会儿热闹的气氛就冷清了下去，还是姑姑打破了这尴尬的局面，带我们一起出去逛了逛。之后，我们一起送爸爸去车站，从车站回来的路上，姑姑问我："你怎么都不跟你爸爸讲话呢？你们两个人待在一起，就像木头人一样，一动不动。的确，你爸爸是有些沉默，不爱说话，但是你要学会体谅你爸爸啊。其实你爸爸这些年来都过得很苦，但他给你的爱却一分不少，只是他表达爱的方式不同，那是沉默的爱啊。"听完这些，我不禁回过头去，看见爸爸站在站台上，也许是天气冷的缘故吧，他在不停地搓手取暖。霎时，我的鼻子一酸，泪水不禁从眼中流了下来，寒风吹起，眼泪落下，我突然觉得好难过，眼泪滴在脸上，好痛好痛。

这么多年来，爸爸把我托付给爷爷奶奶，自己在外打工，努力挣钱，都是为了我啊。其实，在外打工的他，何尝不时时挂念自己的女儿？他那高大的身躯也被无情的岁月吞噬得弯了起来，那一头茂密的黑发也不知从何时起长出了一根根白发。虽然是在黑夜，却仍是那么刺眼，深深地刺痛了我的心。回想起自己以前的种种不理解他的行为，感到深深的愧疚。因为他是左撇子，而感到难为情；因为他不爱讲话，拒绝他去参加家长会。在超市里，他一直在旁边关切地问我要吃什么，我却不理会他，摆出一副臭脸，他却当没看见，仍然在询问着。我却从未注意，他对我的爱从未变过，一直以来，都是那看似沉默却极具温度的爱啊。是女儿错了，真的是女儿错了……爸爸，对不起。在黑夜中，我望着那高大的背影一点点变小，泪水不住地落下，滚烫滚烫的。

爸爸，你在女儿的心中，是最最完美的。

前一段时间，每个晚上我都会给爸爸他一个电话。"爸爸，你在干什么？""我在看电视。""看什么电视呀，好看吗？""嗯……"虽然只是短短的几句话，我却仍读出了爸爸对我的爱。我想，在电话那一头的他，心里一定十分高兴吧。

爸爸，女儿从来没有对您说过一句"我爱你"。这次，就让女儿打破这沉默的爱，用心感受您爱的温度，真心向您说一句："爸爸，我爱您。不管是以前，现在，将来，我永远都爱您。你在女儿的心中，永远是最最完美的。"

111

敲开睿智之门

# 父 亲 的 烟

张　驰

　　自打我记事起，父亲手中的烟就没断过。也不知是烟瘾重还是已经习惯了，他一天少则五六根，多则一整包。

　　父亲不上班，但父亲倒也不败家，把钱留给我用，抽的烟也不贵，都是十块以内的。有时候是七块，有时候是九块。当父亲抽七块的烟，我就知道家里又得好几顿没有荤菜了；当他抽九块的烟，我会暗自偷乐，这下子顿顿都有肉吃。

　　母亲自是厌恶父亲抽烟的，每逢父亲点烟的时候，我家必定会传出母亲喊父亲"去阳台上抽"的话来。以前还小，总是听信妈妈，就帮着她制止父亲的行为。可父亲抽烟抽得久了，我也就慢慢适应了这种烟草味和父亲笑时比一般人黄上许多的牙齿；也不再次次都与母亲一样同仇敌忾地憎恶父亲抽烟。

　　小时候看着父亲吞云吐雾的样子觉得很是酷，苦苦哀求父亲索要了一口，差点没把自己呛死，发誓再也不碰烟了。父亲笑着看着我，轻轻在我脑门上敲一下："你啊，学什么学！现在就学会抽烟，以后烟瘾不是比我还重？"我只得调皮地吐吐舌头。

　　最搞不懂这样一句话，写在烟盒上："吸烟有害健康，禁止青少年吸烟。"可从烟草厂产出的烟却是越来越多。父亲抽了半辈子的烟，可还是生龙活虎，神采奕奕，每天干上三四个小时重活都不是问题，明明健康的很嘛。

不过，医生还是千叮咛万嘱咐父亲不可再抽烟喝酒了。这下我可替父亲高兴，总算能有个机会戒烟戒酒了。刚开始吧，效果挺好，父亲能够一整天不碰烟酒，大概坚持了两个月。在我以为父亲已经对烟酒不抱任何欲望的时候，父亲点上了他两个月来未曾触碰的烟。这下子可一发不可收拾了，酒也马上喝起来。我已经完全无语。

父亲的烟瘾其实没那么重。他其实是喜欢嘴里喷吐出来的云雾缠绕在唇间，那淡淡的烟草味总是萦绕在指尖的感觉。让香烟安静燃烧，让生命安静燃烧！就是这么简单，可以不用思考。烟逐渐没有痕迹，如梦般的烟雾在身边搁浅，再拂去细碎的烟屑，在手指中灵活而自然，弹落的烟灰正如父亲那愿为自己热爱的事奉献出生命一样。

我知道，父亲所抽的每一根烟，都有他的道理。生活遇到挫折，他会点燃一支来放松自己，准备一举攻破难关；做事前，他会慢吸一支静下心来思考，为所有的事情做好计划；看到国家迅速发展的消息，他也会吞吐烟雾来表达自己的喜悦。

113

父亲几乎已经跟香烟形影不离了，或者说香烟爱上了父亲的手指。这已经成为父亲的一种标志。他到哪儿，无论何时，只要不是禁止吸烟的公共场合，父亲是必然会点烟的。我突然想到了父亲为什么抽这么多的烟，也为什么不上班。父亲抽的可能是孤独寂寞，我以为只有古人才会遇到的怀才不遇竟然发生在父亲身上。不过，至于是父亲厌恶官场险恶还是其他原因，我就不得而知了。

远近的烟雾，成丝的，成缕的，成卷的；轻快的，迟重的；淡青的，惨白的，在静定的朝气里渐渐地升腾，缓缓地消隐。正如父亲的大半生。

# 我努力读懂你

程钱慧

也许是长大了才会如此，开始喜欢静静地坐着听你们在隔壁唠叨，偶尔你会走到客厅看看新闻，习惯性地抽上一支烟，不说话。那些时候我会仔细地看着你，稍显斑白的头发，一件褐色的毛坎肩，眼中会不时地流露出一丝愁绪，那是你看向我的前兆，通常我会准备好灿烂的笑容等着你转过头来。我要让你知道，你的女儿很开心，因为有你这个父亲。

书桌上有一台老旧的收音机，体形几乎和电脑显示屏上一样大，喇叭里的灰尘是无论如何都清理不掉的。以前你下班的时候偶尔会带回来两个冰激凌，已经记不得那时我开心成什么样子，只记得你将我抱起时笑着说："先吃一个，把另外一个藏在收音机后面，等会再吃。"你的手臂那么有力，能把我高高举起甚至抛向天空然后再接住。我记得你笑的时候，眼中充满了慈爱，甚至亲我的时候胡茬都不再那么扎人了，那时候你的工作是搬运石头，一天十块钱，直到现在我才知道搬运石头是多么累，只是不知道那两个冰激凌是用多少汗水才换回来的。

上一次一起回家是什么时候？大概是三年前，你拎起我的书包，我在后面静静地跟着你走。夏天的傍晚开始有风，我才看到你后背的衣服上是一道道的汗渍，也就是那时候，我才发现你宽阔的肩膀上已经不再像以前那么厚实，小的时候不知道有多少个夜晚是在你的背上、在你走路的颠簸中睡着的，从那个傍晚开始，我知道了什么是伤感，伤感就是你把你的青春加到了我的身上，让我长大。也是那时候，我才开始慢慢懂你。

上次你送我去车站，身上穿着带有折痕的衣服。因为没有时间打理自己，你显得那么疲惫，在川流不息的人群中，我甚至觉得你有些落魄。等坐上车之后，我看到你仍然站在站台上默默地看着我，眼神中有些不舍、有些落寞，但是更多的却是坚定！是的，那是我的父亲，我努力读懂它，虽然有几分落魄，但是依然那般坚定。我面临的压力和难题让我倍加紧张，然而那个眼神让我瞬间安宁了下来，无论怎样，都要坚定地走下去，只有这样才会成为真正的强者。你虽然不再告诉我一些什么，但是你一直在我身边教育着我，让我知道在成长中如何担当，也让我在成长中慢慢读懂你。

我努力读懂你，读懂你为这个家的付出，读懂你肩上的责任。在你工作心力交瘁时，让我来做你最坚强的后盾！

# 就这样幸福地长大

邓淑婷

我一直在幸福的怀抱中成长，给我幸福的是我的爸爸。

我的爸爸很胖，但他从不这么认为。我这样和他说的时候，他就笑着说："这叫强壮啊！"他边说边做一个揣起的动作，向我展示他的肌肉。

他二十岁当兵，在队伍里待了三年，结交了很多朋友。我看过他那时的照片，爸爸把它们当成宝贝。瞧，这张是他练拳时的照片：它手里戴着一双红白色拳击手套，表情严肃而又认真地注视着眼前的沙袋。眼神中透露着他必胜的决心。他的额头上好像有汗珠，肯定是练了好长时间了吧？爸爸自己也经常拿出自己当年的照片，坐在沙发上看好长一段时间，有时还会发出爽朗的笑声。我想：爸爸是不是在回忆他美好的青春岁月？

爸爸以前曾有一辆旧拖拉机，专门帮工厂运货。它运的都是木板，后来用得久了，车子坏了，就又买了一辆新的。我最喜欢坐爸爸的拖拉机回老家了，老家路远，回去要绕着盘山公路走。我是不愿意坐中巴车的，中巴车里不透气，令人感到十分难受。但是坐爸爸的拖拉机就不一样了。拖拉机行驶的时候会轻微地抖动着，窗户都开着，山风吹过，凉快极了。我就坐在上面吃着爸爸给我买的东西，肚子一点都不难受，心里满满的都是爸爸给我的幸福！

可是后来，由于一些事情爸爸把拖拉机卖了，我便再也不能坐他的拖拉机回家了，只能坐讨厌的中巴车了。那时，爸爸失业了，全家人都很难过，爸爸也迷茫了一段时间。

偶然地，歌手刘欢演唱的歌曲《从头再来》飘满大街小巷："心若在梦就在，天地之间还有真爱，看成败人生豪迈，只不过是从头再来。"这歌词强烈地激励着爸爸。

爸爸开始寻找工作了。

他先到我妈公司里开叉车运模板，后来到旺仔牛奶公司开叉车运牛奶。爸爸找到工作后，很忙碌，饭量也很大，能吃好多碗饭。干那么多活当然要补充很多能量呀！每到周五，爸爸回到家，洗洗手就吃饭。刚开始的时候，我在一旁慢慢地吃，爸爸却狼吞虎咽的，没过多久就又盛了一碗饭。他用筷子迅速地把米饭从碗里拨出来，一口一口地往嘴里送，夹着白菜，夹着肉片，咀嚼时还发出"叭叭叭"的声音。风卷残云中也仿佛在品尝每一道菜的味道，间或还笑着说："我能烧得更好吃，下次烧给你们尝尝！"看着爸爸的笑脸，我心里的幸福又回来了！

爸爸的手是粗糙的，上面有好多的疙瘩，有很多老茧，扎到我身上生疼生疼的，小时候我很不喜欢他抱我，也不喜欢他用胡子扎我的脸。爸爸的脸很黑，他的腿却很白，夏天他穿七分裤的时候我就笑他。他也乐呵呵地对我说："我的腿比你的腿白多了。"嗯嗯，果真如此。照片上年轻的爸爸是帅气的，现在他虽然胖了，黑了，但在我眼中，爸爸永远都是那么帅气。

爸爸是家里的顶梁柱，给我们撑起了一片天。成长的路上有它的陪伴，我一直觉得自己是幸福的。他的人生充满曲折，可是他一直引导我，支持着我。我一直在他的陪伴下，幸福地长大。

# 爱演戏的"曹操"

陈欣怡

"曹操"是个爱演戏的人，她每天认认真真地修炼演技，终于如愿以偿地成了主演。

早晨，"曹操"就风风火火地冲进了教室，双眼盯着黑板——四个演员的大名写在黑板上，今天又有好戏了。"曹操"一看又是这四个老戏骨，脸马上晴转多云，继而下起了倾盆大雨。她一声令下，早读停止了，四个老戏骨乖乖地走到"曹操"面前，解释自己为什么榜上有名。

演员一："我本子找不到了。"

"我这有，拿着，马上补。"演员一无话可说。

演员二："我妈妈没有提醒我做作业。"

"是妈妈没提醒你，还是你不想做。作业本拿来，到我这里补。"

演员三四还没开口，"曹操"就先发话了："作业本拿来，就在我这里补。"等所有演员都做好了作业，"曹操"又开始啰唆了："这四位同志或许真的忘记了，但这不能成为理由，下午的包饺子活动它们只能看，不能动手，这是奖励。"四个演员一听，耷拉着头，闷闷不乐地回座位去了。

"曹操"不愧是主演，上午的戏刚演完，下午的戏又开演了。

午休时，"哈哈，哈哈……"要不是看着她捧了一本书，我们几乎认为她疯了。我们齐刷刷地看着她，她似乎感觉到了异样，马上笑眯眯地说："不好意思，不好意思，这书太搞笑了。"说完又埋头看书了。搞得我们莫名其妙。可是没过三分钟，又听到她"呵呵呵呵，呵呵呵呵……"的声音。我们又抬起头看她，她马上跟我们道歉了："对不起，对不起，失误失误。"我忍不住站起来问："'曹操'，这是什么书，这么有趣，借给我们看看吧。""不行，不行，这书不适合你们看滴。"她表情高深地回答道。

午休铃声终于结束了，"曹操"把手里的书放到讲台桌上，命令我们不许动。等"曹操"出了教室，我们一窝蜂似地冲到讲台边，睁大眼睛，看那本让"曹操"如痴如醉的究竟是什么书。一番封面，原来是林哲璋的《神奇扫帚出租中》。第二天，班里出现了看这本书的热潮。"曹操"看到了，脸上笑开了花。

"曹操"的戏还有很多很多，每天都不相同，如果你想知道她是谁，请到五（3）班来，那个坐在讲台桌旁，个子高大，头发卷曲，一脸贼笑的女老师，就是俺们的主演"曹操"——曹老师也。

# 我们的老戴

徐 玥

"咦！老戴！你的挎包好威武！"一个女生指着戴老师的米黄色挎包叫道。

"嘿嘿，酷吧！"老戴一笑，还伸出手帅气地摸了摸头顶的一撮卷翘的小毛，眼角皱起细细的纹痕。

戴老师是我们的体育老师，而它的那个挎包，不说怎么的，还真是十分拉风，走到大街上，回头率绝对百分百啊！

那是一个布制挎包，样式还挺复古，最大的亮点就是有三个四十五度面朝阳光的工人的头，下边有几个红色的大字：为人民服务。这背包一背起来，戴老师是显得相当得意，什么时候都不愿脱下，走路时总是昂首挺胸的，甚是神气！

教师节马上来到，一想到快要毕业了，我们便希望给老师们隆重地庆祝教师节。于是我便与几位同学被委派代表班级给老师买礼物。

一进小商品市场，一顶军帽便引起了我的注意。我们三个人都想着这礼物再适合老戴不过了，也正好配上它那威武十分的挎包！

当体育课代表把这份礼物送到老师手中时，戴老师大喝：

"嗬——这礼物真是太棒了！我真是太喜欢了！"笑容绽放，脸上的皱纹顿生，可却丝毫未给它带来苍老感。

体育课上，老戴出现在我们的视线中，它的头上戴着那顶军帽，手中拿着成绩记录册，大摇大摆地向我们走来，脸上如沐春风得意扬扬。走得近些了，老戴便招手大喝："同志们好！"一听，所有人都炸开锅地笑开了。

我们班的同学总是很喜欢体育课，因为老戴像极了一个老孩子。它丝毫不摆架子，总能和男同学一起快乐地打篮球，大汗淋漓；总能和女同学一起悠闲地打排球，有说有笑。它似乎对任何运动都得心应手，并取得辉煌的成绩。老戴经常去参加体育比赛，悉数载誉而归。

可以说，在我们八班的孩子们心中，老戴就似一轮红日，永远都散发着耀眼却可以使我们温暖的光芒。它的青春活力影响着我们，它走到哪儿，便会洒下一抹阳光。

老戴的笑，我们会永远记在心底，那一笑眼角会产生的皱纹就似是它爱笑而留下的，却并非是岁月的痕迹。我曾经看到这样一句话：如果额头终将刻上皱纹，你只能做到，不让皱纹刻在你的心上。我想，这句话真是最适合老戴不过了。

在我们心中，老戴，永远年轻！

# 星　辰

周子浅

> 今夜，星光璀璨。那散发着银白色光芒的星辰，像极了一个人，是谁？
>
> ——题记

也许我此生都无法忘记，我生命的转折——因为她。

我默默无闻地在一所小学待了四年，浪费了四年时光；然后，带着一脸茫然无措，在一个夏末转入另一所小学，走进了她的班级。那是一个优秀班，几乎都是优等生，而像我这种不知道如何学习的学生，根本得不到老师的青睐。在刚进班的那一段日子，仿佛是最艰难的时刻：没有同窗之间的友谊、没有老师赞赏的目光、没有任何人的关注——我仿佛就要这样孤寂地石沉大海了。没有人问候，"被迫"独来独往的我感到生活的欢乐正在离我而去……几乎是每一个夜晚，我都以泪洗面。我是一个再普通不过的学生，这一次注定我又要被世人遗忘了……

记得某个中午，我带着一脸胆怯进了她的办公室……然后，带着淡淡的微笑出来。记不清她对我说了些什么，但我的另一段生命仿佛从这里开始……她对我越来越器重，我更没有让她失望——其实我缺的是安全感和他人的肯定。终于在那一个中午，我在她身上找到了我一直在寻找的东西。

我的名字开始渐渐地出现在班级前五名的名单上……这是我一直都不敢奢望的。

几个月之后，我终于清楚地认识到了——其实我骨子里就刻着一股不服输的执着——是她唤醒了它。原来，我这匹千里马不是永远都只会被埋没的，也有我大放异彩的时候。

某个夜晚，我望着那照亮迷茫之人旅途的星辰，在本子上写上这样一句话——"迷雾，永远湮灭不了星辰的光芒。"

我本以为进入另一所学校另一个班会是一个悲剧的开始，可是，她让我清晰地认识了我自己，这终是成了一部"神曲"的开始……

我会永远努力，不会让她失望——在她唤醒我意识的那一刻起，我就失去了让她失望的资格。她在我的生命中很重要，没有她，我的生命仿佛就缺了一角、失去了光泽。我对她的情感，不单单只是纯粹的喜欢，那已经配不上她了——我有的，是感激、是深爱。

如果我的心中永远都充满着不屈的信念，如果我的未来能有所成就，如果我的人生因此而绚烂——我都要感激我的班主任朱老师。

# 取　暖

姜　萃

冬天来了，来得那样突兀而凛冽，带着沉重的风雪。我抵挡不住这严寒，终是让那病毒有机可乘。清晨一大早起来，便头晕、咳嗽，本打算请一个小时的假去看医生的，但念及期末将近，这念头便被我抛到九霄云外去了。

一如既往地，我顶着飒飒的寒风，一气呵成地走到了学校，接着就在冰冷的空气与忙碌、奋斗之中度过了一天。唯一不同的便是，由于头昏脑涨，使得我不得不拖到十点才能入睡。就这样度过了一个星期，我的病不但没有好转，连精神头也越来越差。不是说，感冒了，吃药一个星期好，不吃药七天好吗？

距离期末考试还剩三天了，我却每节课都一副病恹恹的样子，我知道我已不得不去看医生了，但却死撑着，就是不想去，——让我少听一节课，就跟割我的肉似的，更何况整整两个下午！

终于熬完了早自修，我立刻趴在桌子上，努力养着精神，班主任却突然把我叫了出去，我有些疑惑，心里却隐隐有了答案。

"姜萃，你最近上课都没有以前那样活跃了，是不是身体有些不舒服？我上午刚好要出去一趟，需不需要我帮你买些药回来？"班主任开门见山地问道，注视着我，双眼蕴含着关心与焦急。

我的眼中顿时放出了光，吃药——我怎么没有想到，这样既不会浪费时间，又可以让我在考试时有一个好的状态，真是一举两得！我立即兴奋地点头，欢喜之情溢于言表，更是迫不及待地答应了下来。

我盼着盼着，终于到了中午，却迟迟不见班主任的身影，我心里着实有些着急，还冒出了一些不该的猜测。终于，在下午第一节课下课的时候，我看到了班主任，她的脸冻得通红，粗糙的双手中却没有拎着我理想中的那个白色塑料袋，那被我压在心底的猜测便立刻统统都冒了出来——到底怎么回事？

她在门向前我招了招手，眼神示意我出去。

我磨蹭了一会儿，还是慢吞吞地走了出去。

"老师，你找我干什么呀？"我小心翼翼地问道。

　　"是这样的，姜翠。我看你病得严重，就没给你买药，而是打电话给你妈妈，让她来接你。你先把书包收拾好，等会儿就可以去看医生了。"她娓娓道来，声音清脆而富有质感。

　　"什么，还是要去看医生？"我心里这样想着，愁容满面。

　　"姜翠，其实像你这样的学生，在期末的最后阶段，最好的还是自己复习，所以，不用担心会耽误复习，安心去看医生吧。"班主任看透了我的心思似的，一语中的道。眼神清澈，荡漾着柔和的微波。

　　我低头沉思，脑中转了一个弯，便也释然了。

　　于是，我爽快地点了一个头，真挚地道了一声感谢，便转身去收拾书包了。那时候，不知道为什么，我的心中像被暖炉烘烤着似的，连身体周围那冰冷的空气也被点燃，恍若身于春暖花开的春天。我贪婪地汲取这温暖，眼前浮现出一双眼睛，一双带着关心与焦急的眼睛，一双清澈、荡漾着柔和的微波的眼睛……

124

# 书伴我长大

柴　韵

　　莎士比亚说："书籍是全世界的营养品。"我觉得，书是一盏明灯，让我找到前方的路；书是一股智慧的源泉，给予了我无限的知识；书还是一支神奇的钢笔，教我学会了写一手漂亮的好字。人类离不开书。就像好吃的美食离不开鲜美的调味料，就像小鱼离不开清凉的河水。

　　小时候，我不知道看书，一心只想着玩耍。要不是妈妈强迫我，我对书那是视而不见，不知有多讨厌。如果看了，那也是心不在焉，走马观花似的。一个多小时连一句话也没读到心里，一心只想着吃什么、穿什么、玩什么……心里根本没有"读书"两个字。

　　现在，学习任务越来越多了，可是书跟我越来越好了，我几乎离不开书。可是，现在没有了小时候的时光，没有那么多时间了。放学后都是做作业什么的，很少有时间可以安安静静地看本书了。

　　哈哈！又是一周双休日，我早早地完成了作业。终于有时间看书了，我迫不及待地拿出书，津津有味地看了起来。一直看到忘了世界，忘了自我。连吃饭都顾不上，最后，还是在妈妈的叫喊下，才依依不舍地放下书。但是，吃饭时心不在焉，一边吃，一边回味着书里的内容，时不时还会笑出声音来。后来，妈妈给我制订了一个计划：看书一次一小时，一小时后必须休息一下，保护眼睛。必须在作业做好的情况下看书。不许忘记吃饭，身体是第一位的。"记住了吗？"我草草地答应，又低下头看书了。

　　还有一次，我向同学借了一本《窗边的小豆豆》，同学说明天还给它。于是，我是一个诚实守信的人，为了在明天还给它，我一回到家就开始看书，连作业也忘记做了。直到八点多，我看完了这本书，才想起还有作业没有做好。妈妈走过来，说："作业好了吗？给我批改。""呃……我，我还没做。"我低着头，害怕地说："为什么？都几点了，还没做好。是不是又看书了？"妈妈早已猜到了我在干什么，我微微地点点头。"不是说过，作业做好才能看书吗？"我开始呜咽。"好了好了，不哭，下次可不许这样了。"我点点头，埋下头做作业。做到了十点多，这算教训，下次一定要吸取教训。

　　好了，看过我的读书经过，就让我来推荐几本书吧！《稻草人》《草房子》《骑鹅旅行记》《昆虫记》《爱的教育》《繁星·春水》……

　　"相约黄昏后，心要走，人难留。"好了，时间过得很快，就告一段落了。在此希望大家能够多多阅读，但不要像我一样，迷失了自我哦！

# 陪伴我成长的那些书

林方昕

　　若不是因为搬家，也许我至今都发现不了，我的书快要溢出书柜了。看到这堆放凌乱的书们，我才猛地发现：原来我已经忽略它们太久太久了。一直忙碌于功课的我，居然把它们给忘了。唉，我怎么可以这么粗心呢？它们可都是我最忠实、最珍爱的伙伴啊。我轻轻地把它们捧在手心——

　　《小学生时代》，久违了！你是我的第一本课外书，也是我童年时的好伙伴，更是我的小老师。是你教给我最初的知识，但却是最重要的。你的容颜，我记得十分清楚：正上方闪烁着五个彩色的大字"小学生时代"，下面是一张寓意深刻的画，带给我无尽的思考；我的小脑瓜里，装着许多从你那里汲取到的知识。扉页上，一幅幅漫画，还有名言警句，我总是喜欢把这些抄到本子上，然后给爸爸妈妈看，以显示我的聪明才智，却总是错漏百出。我最爱的，便是每一期中的栏目"成长你我它"。那真实生动的故事、扣人心弦的情节、真挚感人的情愫、轻松有趣的表达，总能吸引我津津有味地往下读；那些通俗易懂的知识，很容易地就印记在我脑海里。

在你身上，我有时能找到童年的足迹——那稚气的 "林方昕" 三个字歪歪扭扭的趴在纸上，书中每一行字上面都有稚嫩的笔迹——那都是我认认真真写上去的汉语拼音。我的《小学生时代》，感谢你陪我走过了六年时光，感谢你教我知识，感谢你珍藏了我儿时的美丽记忆。

《大宇神秘惊奇系列之那只不跳的青蛙·金缕玉衣》是我瞒着父母买的第一本课外书。六年级时班里最流行的就是它，我爱它的程度甚至超过了爱学习的程度。记得当时买完了书是走着路回家的，一路上边走边看，可以说，几乎是达到了"忘我"的境界，看书看得入迷的我完全不顾边上的车辆和行人，还差一点儿就被车撞了。有一回，我竟在班主任的课上情不自禁地看得入神。为了这本书，我曾付出了五天没吃早饭，并被父母训斥了整整一天的代价。

我喜欢读它，因为书中充满着悬疑的故事。这群充满着智慧与勇敢的孩子，这种惊险刺激的经历是我所一直向往的。书里的每个故事都很独特，每个孩子都有他（她）的个性，每次经历都对我有着吸引力。它，是我的精神食粮，每次看，都能看出不同的东西来，它，赋予了我独特的想象力和创造力。

《茉莉天使的成长圣经之快乐门》，这是我得到的第一本老师奖励的书。刚收到书的那会儿，我就被它的内容深深地吸引了。后来，发展到不可收拾的地步——我居然在值周的时间里痴读我最钟爱的书。我喜欢书中小茉莉这个讨人喜欢的小女孩，她清澈纯洁，善良和好奇，她的身上饱含着从上帝那里带来的爱，温柔博大。当她把脚摔肿时，却还不顾疼痛，一味地跑着，只想在铃响前赶到班里，这样一个坚强的小女孩，是多么惹人怜爱啊！在小茉莉的身上，我读到了许多的灵气，也看到了自己的影子，她带给我的是无尽的快乐。

书中动物之间的浓浓亲情，同学之间的深厚友谊，人与人之间至善至美的真情，让我明白了什么是最为珍贵的，它给了我精神上的洗礼，心灵上的滋养。

陪伴我成长的书们，珍藏了我成长中点点滴滴的书们，感谢你们！在你们身上，我又看到了儿时那个天真无邪、酷爱读书的自己：一个手里拿着被撕破了书的孩子，在烈日下拼尽全力地跑着；一位满头大汗的母亲，在后面追赶……

有书的地方，到处都是一片鸟语花香！

# 阅读之花，我心绽放

余　曦

128

回想起与书相伴的时光，真是耐人寻味。当我第一次缓缓翻开一本书时，在我那幼小无知的心底，一颗阅读的种子便悄悄地埋下了。

幼时的我，好奇地翻开了一本图文并茂的图画书——《海的女儿》。美丽善良的人鱼公主，就第一次深深地定格在我的心中。那时的我，虽不懂公主对王子的那份感情，但这本书，带我体验了作者无穷的想象力，它为我打开幻想和想象世界的大门。于此，在我的童年中，大部分时间是与那些童话故事中的人物一起度过的。它们环绕着我，踏着优美的步伐，跳着圆舞曲，唱着儿童歌，生活在我的童话小世界中。阅读的种子渐渐在我的心田里萌发，阅读让我体会到童话的美妙趣味。

四年级时，我用那稍显成熟的手打开了一本书，名叫《俗世奇人》。那里面的人个个性格鲜明，技艺不凡。它们都拥有非同寻常的经历，截然不同的人生。这本书是我童话世界的终止点。这本书让我体会到了地球并不是没了我便不会转了，世界上不是只有我最特殊，每一个人都是世界上的一个奇迹，每个人的生命都是一个传奇。顿时，我眼前的世界变得如此广阔。因此，每每来到一个个人山人海的地方，我都会不禁感叹：每一个人都是不同的呀！要珍爱每一个独特的人。阅读这棵大树在我的心中扎下深根，阅读的花苞在我的心中摇曳着，带我走出了幻想世界，向现实世界迈进。

六年级的阅读，翻开的是那一本本封面朴素淡雅，但设计精心、书页饱满厚重的名著。《钢铁是怎样炼成的》中有一句话："人的一生应该这样度过：当它回首往事的时候，不会因为虚度年华而悔恨，也不会因为碌碌无为而羞耻。"它教会了我人的一生不是用来荒废的，而是用来创造的。《飞鸟集》中有一句诗："如果你因失去了太阳而流泪，那么你也将失去群星了。"它教会了我，做人不能因小失大，要学会珍惜你现在所拥有的。《繁星·春水》中的诗句："根是地下的枝，枝是空中的根。""我的心呵！是你驱使我呢，还是我驱使你呢？"它告诫我要把握住心，要守住赤子之心……

在我的阅读卡上，一句句催人奋进的名言闪着金光，它们是我人生星空中的北斗。它们教给我许多，而我，就如同一棵急切渴望吸收营养的小草，我贪婪地汲取着阅读中的营养，成长着，成长着。可以自豪地说，书籍里这些闪烁着哲理的语句啊，它肥沃着我的贫瘠的心田，我的精神世界渐渐充盈，我的信心之翼已然丰满。我开始面对现实，挑战现实，勇敢地直面人生的一切。

书中拥有着取之不尽、用之不竭的营养，阅读就似在一片广袤肥沃的黑土地上耕作。阅读让我明智地选择自己需要的，适合自己的营养。阅读陪伴我成长，十几载的阅读，我收获了许多，而最珍贵的是阅读给予了我截然不同的情感体验，给予我生活的目标和勇敢前行的意志。

热爱阅读吧！只有这样，阅读的种子才会在心中萌发、生长；最后在内心最深处，开出一朵朵最美丽、最灿烂的阅读之花！

# 让墨香成就人生

叶 莘

驾一叶扁舟，徜徉在书海之间，享受着墨水专属的宜人芬芳，令我心旷神怡，不禁感慨：多美妙的感觉啊！

我于读书，正如那成片的薰衣草生长在田野之中，无拘无束，努力地生长，回馈大自然带给她的恩泽，我想，这就是薰衣草的人生吧：自由、快乐、舒坦。这多少会令人梦寐以求。因此，阅读，不仅仅是享乐，更是享受生活。

过去的我，整日无所事事、虚度年华，不知该做何事。初捧《聊斋》，也纯属是兴趣，因为我不理解，阅读究竟有何用。"披萝带荔，三闾氏感而为骚；牛神蛇鬼，长爪郎吟而成癖。"这就是整书的精髓所在。认真阅读之后，妖魔的刺耳便轻轻掠过耳畔，聂小倩和宁采臣人鬼情未了续写情缘，妖狐化人的美丽形象也浮出水面——我觉得此时的自己做了一件伟大的事。

继续向前荡桨，便渐渐爱上了阅读。闲暇之余，我就静静地拿起书，好像《爱丽丝梦游仙境》一样，我只想把时间停留在那一刻，继续做我的阅读大梦；又如《格列佛游记》，悄悄地、似梦非梦，欲醒，却又醒不过来，听从命运的安排。

阅读过后，心情总是好的。我喜欢像史铁生那样的，虽然身体残疾，但依旧与命运对抗，写出了撼动灵魂的大书；就连病中也不忘思量，一气呵成浑然天成的《病隙碎笔》，教人欲罢不能。

"书犹药也，善读之可以医愚。"刘向说过的这一句话，被世人传了无数次，激励人们多多阅读，让书籍来医治愚蠢，得"学富五车"。每有松懈，又有"业精于勤，荒于嬉；行成于思，毁于随"之良言敲打我踱步不休，一路起起跌跌却矢志不渝。或许看惯了自己的过去，总是憧憬着将来，唯有阅读，可以解忧。现在的我，已经终极进化。

阅读一如春天的蝴蝶漫步在花丛中，拈花惹草，自然引人喜爱；人的时间毕竟是有限的，若是每天都浑浑噩噩，那自然过得没意思，因此，我们不能安于现状，从读书中去感悟人生吧！我愿驾驶小舟，去寻觅着阅读的真谛，去追寻阅读后的自我，突破梦想，我的生活因阅读而缤纷多彩！

真心想满腹经纶，去领悟李白诗歌的意境，去研讨四大名著的精髓，去观沧海的暮色四合，去览崇山的险峻陡峭。让我以阅读来先睹为快，得以继承。

阅读并非一味享乐，更是应该借此享受生活。让阅读成为人生重要的一个转折点，转向完美的自我。想就这样读下去，一如既往，不负少年狂热之心，坚志不渝。

坚志不渝！

# 生 如 夏 花

徐 沁

上个月，妈妈在图书展上为我买了一本印度诗人泰戈尔的《飞鸟集》，我每天会读一章，对它爱不释手。

这本书有着淡黄的封面，封面上一只鸟儿正展翅飞翔；它飞过田野、河流，也飞进了我的心里。原本我对这种诗集类的书是不感兴趣的，但它似乎有着一种魔力，让我在翻开阅读后渐渐被它吸引。

《飞鸟集》是由很多首富有童趣又饱含哲理的小诗组成的。

说它有童趣，是因为《飞鸟集》中的大自然，一切都是拟人化的，万物都富有和人类一样的思想和思考。"瀑布歌唱道：我得到自由时便有歌声了。""'你离我有多远呢，果实呀？''我藏在你心里呢，花呀。'"这是一则"花"与"果实"的对话。读它的诗，感觉自然万物都是非常具有灵性的，能和我们一样对话。

说它有哲理，是因为在那些小诗中，却能读出许多做人的道理。"我们最谦卑时，才能接近伟大。"这是教导我们要谦虚，只有谦虚，才会主动地听取别人的意见，才能更多地了解以前自己不曾了解的东西，才会不断地进步。一个富有知识的人才会受到人们的尊敬，才会变得伟大。瀑布歌道："虽然渴者只要少许的水便够了，我却很快活地给予了我全部的水。"让我体会到帮助别人也是件快乐的事。

最让我感触深的还是这句："使生如夏花之绚烂，死如秋叶之静美。"生命是如此的短暂和匆忙，我觉得既然活着，就要活得如夏花一般绚烂，不虚度此生。所以我现在要抓紧时间，好好地努力地读书，从"现在"的这每一分钟、每一秒钟开始努力！这样，在以后的人生道路上，我才能活得如夏花般的精彩。

虽然，我现在只看懂了全书的三分之一，还有三分之二没看懂，泰戈尔的诗对我来说是比较深奥、难懂的，不过，它的那些带有灵性的语言能给人带来一种美感，也是它的书令我爱不释手的原因所在。

# 敲开睿智之门

姜　翠

漆黑的天空，有几点闪耀的星光，那是精灵提着智慧之灯。而我们人间也有这样一盏智慧之灯，它便是——《伊索寓言》。

《龟兔赛跑》《农夫与蛇》《乌鸦喝水》《狐狸和葡萄》……这些令人耳熟能详的寓言，已被我细细品味过十几遍了。在字里行间，我总能感悟到许多人生的哲理。

我曾读到这样一篇寓言——《骡子的故事》，故事是这样的：一只骡子不慎掉进一口枯井里，农夫救不了它，只得将骡子埋葬在井里。骡子感到绝望时，本能地将身上的土抖掉，再踩踏几下。没想到，它竟因此逃离了枯井，获得了新生。

农夫的那一铲铲土，本是用来埋葬它的，然而，骡子却利用它一步步走出了枯井。面对困境，我们本能的反应是恐慌，是痛苦，是怨天尤人，甚至是逃避，是放弃。如果我们能拒绝这一切，以平和的心情和乐观的态度去面对，那么，那些看起来将要埋葬我们的不幸，往往可能是一种潜在的力量和财富，会给事情带来转机，会给我们带来意想不到的收获。

做事总慢悠悠的我，从二年级开始学习画画。忆及四年级时，因学画遇到了瓶颈，便不得不每天晚上练习画画，那简直是一种折磨。每天下午放学后，我总是与时间赛跑：先是写作业，然后吃饭，最后去学画画。每天都忙得团团转，第二天起来就变成了国宝大熊猫。回忆起一天的经过，却发现在一天二十四小时中，我经历的除了忙碌，剩下的也只是忙碌。就在我坚持不住、想要放弃学画的时候，我惊喜地发现我做作业的速度竟然越来越快了，更让我欣喜的是，我的画作被评上了全国一等奖！

面对人生的困难，我们不要轻易言败，也不要轻易放弃那些看起来不可战胜的困难，有可能就是我们人生新的起点，新的开始！

《伊索寓言》中，蕴含的岂止是这一个人生哲理。当你坐在小屋里，打开书，就可以突破时空的限制，与千里之远，万里之外的人和生物，以及宇宙中的一切生命进行对话，你的精神世界将会被书中的伟大思想与高尚情操所浸润，心田总会被它的睿智之气所充斥。

《伊索寓言》具有无穷的思想价值与艺术魅力，它是每个人一生中都不应错过的灵魂驿站。它经过了岁月的洗礼，时光的沉淀，它是沙里淘金留下的精华，它是璀璨迷人的珍珠，它散发出圣洁的光，将我们带入文学的殿堂。

请敲开真理的大门，在真理的海洋中遨游吧！

# 繁星·春水

郑雅婕

　　一时心血来潮，再将几年前读过的文字细细阅览一遍时，才发现竟有很多自己未曾领会到的，尤其是在深深喜爱的《繁星·春水》中。

　　用"繁星""春水"比喻这本书中的诗是再好不过了的。那些精短的诗句，小巧精致，而深邃，像是嵌在天空中闪烁的明星一般；而它们蕴含的情感，像是春水一般细腻温柔，而绵长。这一句最恰如其分——"零碎的诗句，是学海中的一点浪花罢；然而它们是光明闪烁的，繁星般嵌在心灵的天空里。"

　　最喜欢这首小诗：轨道旁的花儿和石子！只这一秒的时间里，我和你，是无限之生中的偶遇，也是无限之生中的永别；再来时，万千同类中，何处更寻你？

　　那是一种青春时光老去的怀念，夕阳下轨道旁的花儿和石子都还在，人却已离开……物是人非的感慨涌上心头。眼前竟不由自主地浮现出这样一幅画面来：

　　一个身着白色连衣裙的女孩，站在金色的夕阳下，光芒从她前方奔过来——面前是一条绵延无尽的铁轨，直通向远方。脚下是曾经捡着玩的各色鹅卵石，鹅卵石堆里，盛开出了粉色的小小花儿。女孩轻轻地弯下腰去抚摸它们，眼前忽然浮现出曾经和好友一起玩耍时的情景……一滴眼泪滴在圆圆的鹅卵石上，顺着石面静静地滑落在石缝里。就像"曾经"这个词，不知不觉就已掉落在时光的缝隙里。正前方，是金色的阳光，缓缓奔来。

想起很多：有些人和事，不断地随时光而变更；我们走在拥挤的人群里，前前后后，但是，一回头，后面再也找不到其他人的影子……我该珍惜每一样事物，即使是身旁无意凋零的落花，脚下青青的绿草，甚至每一日，新的天空、新的晨曦。

"露珠，宁可在深夜中，和寒花做伴——却不容那灿烂的朝阳，给她丝毫暖意。"对于露珠，竟有些心疼，与对诗人海子相似的心疼。露珠，孤寂冷傲；海子，绝望悲痛。我到底无法用一个准确的词来表述那种情感，但它和它都让我的心里隐隐作痛。

"风雨后，花儿的芬芳花儿的颜色过去了，果儿沉默的在枝上悬着。花的价值，要因着果儿而定了！"——初看这首诗时，最先想到的是母亲，或许母亲的价值，便因着我们的价值而定。如今想到了自己即将小学学业，六年"寒窗苦读"，付出了多少血泪之后的收获，会有几许，是否令人满意呢……

几句简短的小诗，能引起无限遐思和共鸣。抑或许，这就是诗的魅力了。

再读这本深深喜爱的《繁星·春水》，又再一次领略和感悟到了不少东西。我默默地想，就让它陪我一辈子吧。若是几年后，再来一读，一定又会有很多不同的思绪。

# 三国·英雄画卷

徐语馨

"滚滚长江东逝水，浪花淘尽英雄。是非成败转头空：青山依旧在，几度夕阳红。

白发渔樵江渚上，惯看秋月春风。一壶浊酒喜相逢：古今多少事，都付笑谈中。"

我爱这幅英雄画卷——《三国演义》。每次翻开那本书厚重的书页，犹如缓缓翻开一卷古老的画卷：淡黄色的玉帛上，是岁月留下的沧桑，夹杂着的猩红，若梅点，绽燃得激荡心怀，却又显得如此怆然。在那个烽火连天的年代，孰也没错，强者乃盛！豪杰并起，原本湛蓝的天宇染上血红。豪杰的壮志澎湃在心胸，震撼着天地，有力地穿越时间的轨迹，似波涛滚滚一往无前。

无数英雄坚定的目光从远古射向今日，夹杂那与生俱来的光辉，让我的心一次次地颤动。我拜服武将，关公千里走单骑，赵子龙单骑救主，逆着那红欲滴血的夕阳，我看见了他们身上肩负的重任，他们勇气的支柱，他们对自己信念的执着。我拜服儒将，孔明为蜀鞠躬尽瘁，郭嘉遗计抱病而亡。轻摇手中扇，挺立身形俯瞰天地局势，运筹帷幄，决胜千里。即使不沾血，可心也确是身经百战，挑着君主的期望，他们斗智不休，只是为了那一个字——忠！

如此英雄，却已成空，古今多少事，都付谈笑中。但那些英雄却会永远留在我的心中，是我内心沸腾的源泉。

鬼才郭嘉是我最敬佩的儒将。他博学多识，却因沉迷读书少有人知，昔为袁绍谋士，但因袁绍不识人才，遂走，后被荀彧推荐给曹操。曹操识人才，将郭嘉加以重用，并曾说："可助吾成大业者，为此人！"郭嘉也不负曹操所望，为其出谋划策，屡建奇功。献计攻破虎踞徐州之贼吕布，留一遗计助曹操平定北方。可惜天妒英才，柳城归来途中，郭嘉因水土不服抱病而亡。每次回顾这一章节，我的心总是仿佛缺了一块一般，感觉这位忠心之谋士归西得如此突然，让我难以接受。多少次，郭嘉之计救了曹操之兵；多少次，曹操违背郭嘉之念便后悔不已；多少次，曹操在战败之后泪忆郭嘉。定格在画卷中那年轻而却又坚强的背影令我感动，亦惋惜。

我想，若是郭嘉不死，三国局面是否会有所改变？也罢，逝者如斯。兴许是《三国演义》中曹操注定以奸臣之息存于世上，注定他终无法指手赢天下。

在《三国演义》中，我认为，以德待人的刘备，爱民如子的孙权，工于心计的孔明，英年早逝的郭嘉，奸诈狡猾的奸雄曹操，残暴勇猛的吕布……不管他们扮演了怎样的角色，是是非非，都是英雄！

只要敢于为自己的信念全力以赴，披肝沥胆，敢于直面困境逆流而上的，都是英雄。

英雄的眼底总有一束光，一束燃着生命之火的光，催促着向前，创造着辉煌！

《三国演义》，将是我用一生来阅读的书……

# 心中的天堂树

　　不论我们的生活是优越还是艰苦，只要心中有一方净土，我们心中的"天堂树"就能发芽。

　　而若我们能保持一颗阳光的心，无须过多养料，我们心中的"天堂树"就能向上生长。终有一天，它会成为一棵参天大树……

# 走进神奇的昆虫世界

黄啸天

　　太阳穿过玻璃，照射在我面前的书桌上。看着面前那厚厚的一叠书，我无奈地叹了口气，闭上眼睛，随手在书堆里抽出一本书。定睛一看，才发现原来是我最不喜欢的《昆虫记》。

　　怀着各种的不情愿，我翻开这本书，顺便还在心底埋怨了一下让我在暑假里看这书的作业布置者。我的视线一目十行地在字里行间中游荡，像是一只不受拘束的幽灵，飘荡在书籍中。看着看着，我不自觉地放缓了扫荡的视线，开始细细地阅读，最后陶醉其中，无法自拔……

　　和看其他最喜欢的书一样，我逐渐融入这个奇妙的世界。我看见了蝉是如何脱壳的；屎壳郎是如何滚粪球的；蚂蚁是怎样去吃蚜虫的分泌物的。还弄清了"螟蛉之子"是错误的，蜂抓青虫不是当成自己的儿子养，而是为自己的后代安排食物。我还明白了螳螂虽然是一种十分凶残的动物，然而在它刚刚拥有生命的时候，同样也是十分脆弱的，也会牺牲在个头儿最小的蚂蚁的魔爪下。而对于蜘蛛织网这个行动来说，即使用了圆规、尺子之类的工具，也再没一个设计家能画出一个比这更规范的网来……

　　时间流逝，我收回那久久驻留在书中的视线，远眺窗外。回想着刚刚在那美妙又神奇的世界中的经历，想着想着，我不由自主地屏住呼吸，然后，任凭它们穿透我心灵的阴暗面。是法布尔，让我看到了昆虫在生与死、劳动与掠夺等许多问题上都和人类有着惊人的相似。昆虫的世界，其实可以说完全就是人类生活的简缩版，小到人类世界的任何一件小事，大到任何一件纷争，都可以在昆虫界中找到差不多的事件，大到战争，小到打闹，每时每刻，人类世界的每一件事，都在昆虫界上演。《昆虫记》不是作家创造出来的世界，它不同于那些不切实际的小说（大部分，但有一些小说是特例），它们是最最真实的事实！是法布尔生活的每一天每一夜，是独自的、安静的、几乎与世隔绝的寂寞与艰辛所孕育出来的生命。这一刻，我多么想仰起我的头，像仰望那神秘的星空一样，来探寻昆虫们的奥秘。虽说《昆虫记》我已经看过好几遍了，但是这次，这唯一的一次，《昆虫记》带我进入了一个全新的昆虫世界，让我领略到了昆虫世界那特有的魅力。

　　昆虫学家法布尔千辛万苦写出了这传世巨著《昆虫记》，为人间留下一座富含知识、趣味、美感和思想的散文宝库。它的行文生动活泼，语调轻松诙谐，充满了盎然的情趣。在法布尔的笔下，杨柳天牛像个吝啬鬼，身穿一件似乎"缺了布料"的短身燕尾礼服，小甲虫"为它的后代做出无私的奉献，为儿女操碎了心"；而被毒蜘蛛咬伤的小麻雀，也会"愉快地进食，如果我们喂食动作慢了，它甚至会像婴儿般哭闹。多么可爱的小生灵！"难怪鲁迅会把《昆虫记》奉为讲"昆虫们的生活"的楷模。

　　我叹服法布尔先生那为探索大自然所付出的精神，让我感受到了昆虫与环境的息息相关，又让我感受到了作者的独具匠心和那细致入微的观察。《昆虫记》令我开阔了眼界，使我看待问题的角度与众不同，理解问题的深度也超越了以往。现在，我已经不再像以前那样讨厌《昆虫记》这本书了，反而觉得它是一部值得一生阅读，不断重复阅读的好书。我想无论是谁，只要认认真真地去阅读《昆虫记》，就一定能读出滋味，读出感想，了解到更多关于昆虫的秘密。

准备好了吗？就让我来，带你进入那神奇的世界，了解那些既神秘，又美妙的昆虫吧！

# 一棵树，一份精神

郑思琪

"活着，奋斗着，爱着我们的生活，爱着生活馈赠的一切悲欢，那就是一种实现。"当读到《布鲁克林有棵树》书中的这句话，我仿佛从弗兰西的经历中感受到：活着不容易，生活总会有挫折。此书让我思绪飞向深远：支撑弗兰西活着的，又是什么，是那棵布鲁克林贫民窟的树，树又给予了弗兰西怎样的精神慰藉呢？

每个人的成长经历都是不同的，我们可以选择自己的工作，自己的爱人、自己的生活方式，但是我们无法选择自己的出生，自己的父母。弗兰西，一个十一岁的小女孩，一个生活在布鲁克林穷人区的贫困女孩，经常挨饿、整天吃发霉面包，整天被别人嘲笑、捡拾破烂的小女孩。她的身世不容选择，她是如此的不幸。但她的成长令人惊讶，十一岁的她过早的承担家庭的责任。生活也从不眷顾她，几乎得不到他人的爱与关怀。她的成长就如同生长在贫民窟的那棵树，不管人们如何砍断它的枝丫，如何焚烧它的根部，只要有土，它就会坚强地活下来，生长着。

弗兰西的坚强、毅力真的让人折服，她从不因生活的困苦而低头落泪，或是感到羞耻，她为她所拥有的生活而骄傲，因为这样的生活给了她坚毅的心，给了她不断奋发向上的动力。在她的生活中除了书她没有其他的朋友，她也不需要其他朋友，因为弗兰西身上有种其他人所没有的乐观精神，她相信自己的双手可以改变目前的生活，她相信知识，相信教育的力量。同样她也不会去嘲笑别人的贫穷，她不会像其他人那样因自己的处境相对优越就去歧视，欺负处在跟她曾经相同处境中的人，她善良富有同情心，乐于帮助穷人，光是这一点，在当时的社会就很难找到朋友。所以，书，成了她唯一的寄托，成了她最好的朋友。

读书，接受知识的熏陶，这是弗兰西的梦想，也是最终改变她命运的源泉。读到弗兰西毕业的那些文字，很受感动，我与弗兰西一样激动，为她高兴，最终毕业了，拿到了第一张证书，这是家族里面的第一张证书啊，之后，她将凭着这份证书，凭着她的知识去改变自己的命运。

有时候我还总是思考"布鲁克林有棵树"，书中的这棵"树"指的是什么？是那棵种在弗兰西家的天堂树吗？我想不是的！这棵"树"代表的是一种精神，一种自强不息、不怕困难、奋勇拼搏的精神，一种不向命运低头，不向贫穷妥协的奋斗的精神！

# 心中的"天堂树"

## ——读《布鲁克林有棵树》有感

叶佳宁

在纽约的布鲁克林，有着一种"天堂树"，枝条上长满了尖尖的叶子，整棵树如同无数把撑开的绿伞。不管种子落到什么地方，都会长出一棵树来，向着天空，努力生长。这树长在四周围满木篱笆的空场子里，从无人留意的垃圾堆里钻出来，也是唯一能在水泥地了长出来的树。但它只在居民区长，而且喜欢穷人。

弗兰西院子里长的就是这种树。十一岁的她家境拮据，每周只有在周六时才能吃上甜面包，剩下的时间里只能吃较为便宜的发霉的面包。尽管如此，弗兰西和弟弟还需要每天捡破烂来补贴家用。

弗兰西的生活并不痛苦——身边有着一群家境类似的孩子，每周能有一段虽短暂却美好的时光。但她的生活也不是那么美好，甚至可以说是艰难的。本应处于最爱玩的年龄的她为了生存，不得不面对生活中的百般无奈——她为了能使自己捡破烂换来的钱能额外增加一分，她能耐着性子，忍受着回收破烂的卡尼捏自己的脸。她曾经苦闷过，也不满过，但最终，十余岁的她接受并面对了现实。

书中有一个片段给我留下了深刻的印象。弗兰西与几个小伙伴在经过纽顿溪附近时，别的孩子在埋怨纽顿溪的臭味，但弗兰西却为此感到满足。在她看来，"这种刺鼻的臭味说明有远航的船只，有远方的探险"。

弗兰西除了思想上的别出心裁，更强大的，是她极棒的思考能力和对阅读的极大兴趣。她所去的图书馆又小又破，但她"对图书馆的感觉和她对教会的感觉一样"。她狂热地阅读每一本书，并强迫自己按字母顺序寻找书籍来阅读——我想，这是为了不落下任何一本书吧？相比之下，我的阅读，是多么的无章杂乱又散漫随意啊！

她还拥有一个十分独特的爱好——琢磨人。她观察行色匆匆的行人，观察坐在树下的或熟悉或陌生的人们，观察牙牙学语的孩童，也观察垂暮之年的老人。在这个过程中，她有了许多思考，也对人生有了初步的理解。她为了不虚度光阴，曾许愿道：

"让我睡觉的时候，也一直做着梦，不让我虚度人生的每一分钟。"

弗兰西就如同她院子里的"天堂树"一般，虽然出身贫寒，却有着努力生长的决心与不断生长的意志。全书并没有描述弗兰西长大后的生活，但是有着如此思想与乐观向上的态度的人，又怎会过不上自己所希望的生活呢？

或许，这就是这本书的真谛吧！

不论我们的生活是优越还是艰苦，只要心中有一方净土，我们心中的"天堂树"就能发芽。而若我们能保持一颗阳光的心，无须过多养料，我们心中的"天堂树"就能向上生长。终有一天，它会成为一棵参天大树……

# 有价值地活着

翁 鸣

"人最宝贵的是生命，生命每个人只有一次。人的一生应该这样度过：回首往事，他不会因为虚度年华而悔恨也不会因为卑鄙庸俗而羞愧；临终之前，他能够说：'我的整个生命和全部精力都献给了世界上最壮丽的事业——为解放全人类而奋斗。'"保尔·柯察金的一番人生体悟带给了我很大的感受，让我的心灵得到沉淀。

没错！人生在世，应该有价值地活着，不能虚度一生，碌碌无为。保尔·柯察金就是这样一个有价值地活着的人，他一生都为伟大的革命事业而奋斗着，他可谓真是活出了自己的人生价值的大写的人。

保尔是一个敢于反抗、勇于斗争的人。十多岁的时候，在学校里，他敢于反对迂腐的神父；而青年时期，他敢反对车站饭馆里仗势欺人的跑堂，敢反对德国人……他这种无所畏惧，敢于斗争的性格也为他以后加入共产党，加入苏维埃红军，在战场上英勇战斗有了极大的帮助。

保尔的一生是完全地献给了布尔什维克的，他把自己的全部精力都投入到布尔什维克的事业中去了。青壮年时期的保尔是一位骁勇的战士，他在战场上十分的英勇，为党、为解放战争消灭了许许多多的敌人，哪怕是身负重伤也不忘战斗，并在康复后的第一时间回到战场，奔赴前线去了。而在后来，在骑兵部队战战役中，因为一颗炸弹在保尔的脑袋旁炸开，保尔受了重伤而远离前线。但是，他在后方也不忘为党工作，他积极宣传布尔什维克的思想，且一直为此奋斗到死。由此可见，他对国家对党的忠诚与热爱之情。

保尔的一生都是十分有价值的，他所做的事业是十分高尚的，其目的是为了解放他的同胞们，所以他对他所做的事也一点儿都不后悔。哪怕他为他所做的事业献出了自己的生命也丝毫不回头。所以在生命的最后一刻，他自豪地宣告，自己所做的事业是有价值的，是最壮丽的！

人的一生虽然短暂，但短暂的生命可以活出最大价值。我们应该像保尔·柯察金一样，做对自己、对他人、对社会、对国家有价值的事，活出自己生命的真正价值，在这个世界上留下自己的一点足迹。

做一个有价值的人并有价值地活着就是我所追求的，因为人活一世，总不能碌碌无为，总得做一番事业，这事业可大可小，不论结果是否绚烂，但过程一定要精彩万分。就像保尔·柯察金一样，只要不畏艰难险阻，坚持不懈地朝着既定的目标前行，就一定能够成功！

为自己的目标努力奋斗着，这就是有价值地活着。感谢保尔，你是我人生路上的一座丰碑！

# 要有一颗纯洁的心

陈雯昕

在我所读过的不多书中，我读得最透的，也是感悟最深的，莫过于《小妇人》。

《小妇人》是一本以女性角色为主，强调女权意识的半自传体小说。小说以平实清新的笔调，描绘出了许多感人的画面，其作者是美国的路易莎·梅·奥尔柯特。小说受到当时的大思想家爱默生的影响，强调了个人尊严与自立自律的观念；内容平实却细腻，结构单纯而寓意深远，富有强烈的感染力。

小说的主要人物是马奇一家，马奇家里有四个姐妹，她们相互依赖，马奇夫人是个家庭主妇，为人善良，马奇先生是个军人，四处征战。因为父亲的常年征战在外，四姐妹都陪伴母亲居住在外地。虽说是姐妹，可她们的性格却全然不同。大姐梅格温柔贤惠，结婚后相夫教子，持家有道。二姐乔，也就是本书主角，像男孩子般开朗豁达，独立自尊，热衷于写作。本书作者粗放的性格和想当作家的梦想，在乔的身上得到充分的体现。三妹贝思性格内向，善弹琴，音乐上有造诣，可惜由于体弱多病，少年夭折。四妹艾米是个小淑女，十分注重自己的体态举止，喜爱尝试艺术，对绘画雕塑有很强的审美能力。她们家的邻居劳伦斯家有祖孙二人，爷爷慈祥，孙子劳里热情，都十分乐于助人。

　　最让我佩服的是她们四姐妹的乐观与善良。她们的条件并不是很好，甚至可以说是贫穷，可还是不忘去救济比自己更加贫困可怜的人们。还记得一次圣诞节，好心的劳伦斯爷孙为马奇家的姐妹准备了丰盛的大餐，可以说，从破产以来，她们就没吃过如此丰富的大餐了。四姐妹饥肠辘辘，却还是耐心等待马奇太太回来。当她们知道对面邻居家的寡妇和她的几个孩子，吹着冷风，忍受饥寒。她们没有犹豫，表示可以把这些大餐让给它们，其实她们心里很清楚，这可能是她们最后一次拥有如此丰盛的菜饭。

　　她们家境虽然贫苦，但她们的心并不穷，她们抱着对生活的热爱，好好地过完每一天。当然这不是一帆风顺的，她们遇到了许多困难，但她们没有慌张，而是以正确的态度面对。让我印象最深刻的是贝思患上了猩红热，差点被夺去生命，而马奇夫人又去了远方。是两个姐姐细心地照顾她，梅格和乔两人寝食难安，担心着妹妹，连最小的艾米也十分焦急。她们连夜寄信给远方的妈妈，并马不停蹄地从县城请来医生。她们不像普通的大家闺秀，遇到这些事慌慌张张不知该怎么办。幸亏她们冷静对待，使贝思得到及时的治疗，身体慢慢恢复。

　　四姐妹的成长历程仿佛是一首富有趣味的教育诗。作者用既不华丽也不枯燥的语言向我们展示了人类伟大的亲情、友情和爱情。在四姐妹的眼里，永远和她们爱的人及爱她们的人生活在一起就是天下最幸福的事，我深有同感，满心欢喜。

　　我读过的书虽不多，但有幸能遇见她——《小妇人》，是她告诉了我要有一颗纯洁善良的心，教会了我要坚强和乐观地生活。

　　这本书，我受益匪浅。

# 《哑舍》的魔力

毛岱琦

阳光从窗外打进来，驱散了屋内的霉味和灰尘。屋舍的模样也渐渐露出端倪。走进里间。四季图，锟铻刀，无字碑……它们被整整齐齐地摆放在架子上。它们每一件都凝聚着工匠的心血。它们不会说话，但有生命。它们有个共同的名字——古董。

初遇《哑舍》，我并没有对它产生特别的兴趣。封面色调暗沉，人物神神秘秘，仿佛是写玄幻人物拯救星球的故事。这样的书怎么能让人提得起兴趣呢？可在姐姐的三番保证下，我开始翻开这本书。原来，是讲历史和古董的。

还记得我在《哑舍》中看的第一个故事是《黄金面》。黄金面的主人高长恭，正是当时正在热播的电视剧《兰陵王》的主人公。看着这位北齐的四皇子从手无缚鸡之力的王爷变成骁勇善战的将军，我开始对这本书感兴趣起来。

看着，读着。直到合上书本，我还在回味着。大脑里仍是挥散不去的书中描写的场景。就好像这些文字全转变成了无声电影在我脑中不停地回放。就好像书里的老板还在我耳边轻轻启唇："欢迎光临哑舍。"原来，书也有这样的令人无法自拔的魔力的！

我在这本带着魔力的书中畅游。一本书十二个故事，四本书四十八个故事！就这样，我从第一个故事看到第四十八个故事，从鱼纹镜看到涅罗盘。原来，埋在土地下千百年的古董也是有生命有感情有思想的！它们身上承载着不能言说的历史过往，它们在等，等有缘人去倾听。

每个故事都传达着一种思想。司南杓告诉我：我们要在生活中认清自己的位置，做好自己的本分。即使偶尔有俏皮的磨难出现，我们也要有坚强的毅力去战胜它。不属于自己的不强求。正所谓"命里有时终须有，命里无时莫强求"。而獬豸冠告诉我的则是：唯有遵从本心，才为至善，才能在人生中走得坦然。《哑舍》中的每一个故事每一种思想都在影响着我。

《哑舍》让我推开了崭新的历史大门，让我不再单单从教科书中了解历史。

古董告诉我，即使是被当成"正史"看的《三国演义》，原来也是不能尽信的。吕布的兵刃不是方天画戟，关羽的兵器也不是青龙偃月刀，而都是三国时期很流行的长矛。没有三英战吕布的故事，温酒斩华雄是孙坚所为……这些是真还是假，我也不能确信。因为上千年过去了，人们迫切想知道的那些真相已在历史长河中慢慢脱离轨道，如流星般陨落不见，留下的史书不多，甚至有些史书是经过更改的。正如书中所说："历史这个小姑娘，我们早已看不清她的素颜。"即使如此，我依然爱这本书。我喜欢推敲着文中每一个字每一句话，就好像我穿越时空和千年之前的人物在对话。每读一遍，都好像是在和从前的历史再一次遇见。每一次遇见，都会有不一样的感悟！我想这就是这本书带给我的最大的收获和感动！

恍惚间，又听见老板清冷的声音响起："欢迎光临。这里是哑舍。嘘。"

嘘！《哑舍》里的古董有话要说。

# 追风筝的人

郑欣月

雨滴打落，激起一圈涟漪，打在微微泛黄的书页上，遗留下一丝痕迹。窗外，雨正下得淅淅沥沥。孩子们冒着雨在天空中放着风筝。可雨却毫不理会孩子们的心境，自顾一下下拍打着在暴雨狂风中倾斜的风筝。

忽然，线断了，风筝便像断了线的木偶在空中无力地飞着。雨中，风里，追风筝的孩子不禁让我回忆起童年，想起阿米尔与哈桑的风筝……

阿米尔是阿富汗富商之子，他最好的朋友不是穿着锦衣的富少而是一个忠诚的哈桑。哈桑是仆人的儿子，可阿米尔却不在意主仆地位只觉得与哈桑有种熟悉的感觉！少年哈桑与阿米尔就像一对整日形影不离影子，他们之间的友谊也像那通透的宝玉，没有一丝瑕疵因为那是最单纯的友谊。没有利用，没有猜忌，只有两个孩子如水般圣洁的友情。

突然，有一天黄昏那手中的线断了，风筝也飞走了……

时光重新转动来到那有些寒意的日子。

哈桑被几个富商的孩子堵在转角口，他们团团围住哈桑，用低俗粗鄙的语言侮辱他并用暴力殴打哈桑。哈桑用迷茫无助的眼神像阿米尔求助，可换来的却是阿米尔那眼中的害怕。他的生理与心理都遭受了伤害，他的眼神也变得寒冷，空洞，无神……阿米尔一直蜷缩在墙角亲眼望着自己的好友被羞辱，可自己却只能胆小的躲在角落默默哭泣。

阿米尔明白即使自己流干了泪水，哈桑与自己之间的关系也无法在回到从前。为了掩盖自己的胆小，他不惜栽赃嫁祸哈桑，一步步将二人一同推入无尽深渊。

断线的风筝也越飞越远，直到阿米尔的再次归来！

阿米尔发现自己原来的家因为战争而被摧毁了，家里的一切也早已不复存在。哈桑也只能永远遗留在那时那日，只能永久地躺在墓地，再也无法与他一起放风筝，看着蓝天白云做着自己的梦。回想起昔日的往事，内心的自责与懊恼也更深一分。当他后来得知哈桑是他同父异母的弟弟时，中年的阿米尔便动用一切方法只为去追寻哈桑留下的印记！

当他找到哈桑的儿子时，哈桑的儿子也因战争而饱受残害，只有当阿米尔与他谈起风筝时，嘴角才会向上弯起。阿米尔最终用自己的方式追回了风筝，但这过程却让他花费了整整一生！

我不知道自己是否像阿米尔一样做一个追风筝的人？也许答案是肯定的，因为这样会将内心的遗憾弥补；也许答案是否定的，因为追风筝的人大多是迷茫的，即使追回风筝，可原本鲜艳亮丽的风筝早已因风雨的冲刷失去了原来的颜色，现在只不过是一层灰布罢了。就像将木桩上的钉子一根根拔掉，可那时深入的疼痛又怎会轻易忘却，拔出后的痕迹也不会轻易消失。

当线断时，风筝便已不再是风筝……但只要追过，即使失败，也算自己拼过和已明白那时年少所犯下的罪过！

如果时光能重新来过，阿米尔也许依旧会做一个追风筝的人，因为那是对青春的救赎。

看着桌上《追风筝的人》，望着窗外追风筝的孩子，我的嘴角不禁上扬。真希望自己可以幻化成风筝去寻觅阿米尔与哈桑那断了的线，也许结局就不会如此了吧。

人生就是一盘棋，你永远不知道下一步在哪里，但心中那只断线的风筝却是心中永恒的信念！即使直到无望，也想去做一个追风筝的人，因为那是人生，而也只有感受过痛苦才会有拼搏寻觅的动力。阿米尔是胆小的，但当他追寻心中的风筝时，他便是胆大的，因为那也许是一个永远的追逐！

追风筝的人，不就是弥补过去且追寻未来的人吗？

青春岁月里，我们爱过，疯过，哭过，笑过，痛过，为何不去寻觅一个与自己一样追风筝的人？

# 令人烦恼的"大嘴巴"

金虹男

嘿，在你的身边有没有一个很爱大嘴巴的人呢？他们无孔不入，说起所谓的道理来，不管三七二十一就口若悬河，有时还整几个文绉绉的词来。当他们发现你有不对之处时，或者你与他们行事作风不同时，那你就遭殃了，绝对逃不了了！他们会不分场合地且引以为荣地大喊出来，让你丢尽了脸，伤透了心。

然而，这都不是最重要，重要的是我的身边就有这样的人。这个人让我的生活雷雨交加，苦闷烦忧。

他是个男生，从外表上来看，你会觉得这小伙子还可以啊！还戴了副眼镜，一看就是个好学生模样。可是知人知面不知心呐，当他的大嘴巴开始发作时，你会就感觉你的人生从最高峰跌落到了万丈深渊，你有理，可你说不出啊。而我，可被他的大嘴巴给整"惨"了。

在一次社会课默写前，我不慎将老师的话给听错了：在老师还没来时就开始默写了，而且此时桌子上除了默写纸和文具盒就没有别的东西了。而身为社会课代表的他就坐在我的前面。上课铃声过后，老师来了。老师点点头，示意可以开始默写了。组长起来检查组员的默写纸，此时我已经默写了一半了。听到老师的话后，我如梦初醒般的才知道自己默写得太早了。正当我手足无措时，他已经转过了头，看见了这一切。我正想向他解释时，谁知他放"大招"了，他用力地一拍桌子，迅速地站了起来，用一种得意扬扬的眼神看着我，然后伴随着雨点般的口水，开口大叫道："哎哟，你小子不得了啊！竟敢作弊啦！""要不是我发现得早，就让你给得逞了！"

……

我窘迫地用眼神示意，想让他停下来，但他的眼睛里射出两道可怕的光，似乎要将我彻底销熔。全班同学齐刷刷地转过头来，用鄙视的眼神看着我，我的脸立马涨得通红。我低下了头，就连反驳的勇气也荡然无存了。此时此刻，我是哑巴吃黄连——有苦说不出，真想找条地缝，钻下去躲着永远不再出来。面对这样的窘境，我的心中充满了无限的悲哀。可是君子动口不动手，宰相肚里能撑船，就这样，我怀着悲哀的心情，度过这漫长的一天。

他不光对我大嘴巴，每个星期不在班里闹点动静出来，简直就不是他。他的这种尖牙利齿的胡言，让班级同学大为震怒，有些同学也会以牙还牙，驳得他哑然无语，悻悻而退。

那么问题来了，他这么做究竟正确吗？站在我的立场上来看，我认为这肯定是不正确的！他在全班面前这样说，使我在同学及老师面前丢尽了脸。不过"面子散尽还复来"，我忍下了，尽管大家在那时或许对我产生偏见。还有，如果我那时反驳了，怒发冲冠，非辩个清清楚楚不可，那么他的颜面何存呢？我不想以怨报怨，只想息事宁人。我相信，清者自清，浊者自浊。

所以，我奉劝大嘴巴们，在你指出别人的不对之处时，麻烦你看下场合，弄清楚现状，想想自己该不该说那样的话。同时也看看自己身上有没有这样的情况，注重文明修养，切不可让你的嘴巴"变大"了！

# 我想与这个世界保持零的距离

陈 博

清晨，我早早地起了个床。想去看着沐浴在冬日里的城市，想将昨夜心中的那一抹沉闷在顷刻间消失得一干二净。

"妈，我出去转转。"我给还在房间里睡觉的爸妈留了个小纸条，轻松扛起客厅里的自行车，向楼下跑去。

一路飙车。赶到鹿鸣公园，将车锁好（毕竟我可不想到时候走着回去不是吗？），顺着小路慢慢往上走，感受着不可多得的温暖的阳光，嘴角不由自主地向上拉起了一个充满笑意的弧度。

行走在石板路上。看着身侧高挑的两排松树。我独自一人漫步在其中，空旷寂静的林子中，只能隐约听见我的脚步声，和着几声布谷鸟如同脆铃般的鸣叫，在这狭窄的路上，是如此的惬意。

"那是？梅花？！"眼尖的我早就望见了远处那满山明艳艳的粉红，眼中一片火热。二话不说，我撒开双腿，跑得比兔子还快。

　　站在远处，只能感觉到梅花的繁盛和气势的澎湃，当走进那满山遍野的梅花中时，我感受到梅花的娇嫩与气味的芳香。腊月里，正是梅花处于开的最茂盛的时节，这片梅林，高低错落，花色多种，有红梅，有白梅，还有蜡梅。从远处走来就能闻到一股细腻的清香，如同一抹轻盈的绸缎缭绕于人们的身旁。那漫山遍野的梅花白里透红，花瓣润滑透明，如同是用琥铂和碧玉雕琢而成的艺术品，含有丝丝冰清玉洁的雅致。有的艳如朝霞，有的白似瑞雪……梅花盛开有早或有迟，有的还是含羞待放，脉脉含情，像一位情窦初开的少女；而有的才刚刚绽放，就有几只调皮的小蜜蜂降落在花苞上，迫不及待地将头探了进去，喜滋滋地吮吸着花粉；还有的早已盛开许久，粉红柔嫩的花瓣惹人喜爱。我轻轻抚摸着身边的梅花，生怕稍稍一用力，就破坏了现在这幅美丽的画面。微笑着，我拨弄树枝上的花骨朵儿，不由想起了一句富含哲理的话："宝剑锋从磨砺出，梅花香自苦寒来。"是啊，梅花不同于玫瑰、牡丹之类是娇贵的花，它"凌寒独自开"，天气越是寒冷，越是风摧雪压，梅花开得就越有精神，越是秀气怜人。"俏也不争春，只把春来报。"正是梅花的含蓄与品格。

　　站在梅花中间，看着周围在万花中飞舞劳作的小精灵——蜜蜂在我周身环绕飞舞，跳着美丽动人的舞蹈，令我为之侧目。一只蜜蜂在我眼前飞快地飞了个"8"字。我充满善意地伸出左手，蜜蜂绕着我的手转悠了几圈，最后，在我的左手掌心停落。感受着掌心痒痒的触感，我第一次觉得我和自然生灵离得是那么近。

　　走到草坪上，抬头望天，看着头顶那碧蓝的天空和洁白的飘云，我冲着天空，缓缓伸出自己的右手。

　　"世——界——"我大声叫喊一声。在天空中，我缓缓握紧了自己的手，好像要把天空紧紧抓进手心。沉默了一会儿，忽地，我微笑道，"我要和你保持零距离。"

# 感恩的花，开在寒冬的路上

洪　楠

窗外，雪悄悄地下了起来。起初雪只是时不时地飘落几片，不一会儿，雪竟然下得越来越大。窗外的世界被泼上了白色的颜料，地上只有雪白一片，路旁的树都被压得弯下了腰。然而，就在这样的大雪天里，我遇到了他。

那一天，我和爸爸正在路边打车去火车站，爸爸说是去探望一个远房的亲戚。可我就很纳闷，今天下这么大的雪，改天就不行吗？我试图说服爸爸，可爸爸完全没有理会我。

路上根本就看不见一个人，更别说是车了；加上天气又冷，我回家的欲望越来越强了，但爸爸坚决的言辞使我不得不打消了这个念头。于是我终于死了心，决定听爸爸的。

出于少年的本性，我开始观察四周是否有车辆出没。本以为车再少也至少会有几辆会路过，但结果一辆都没有！我又陷入无限的抱怨中。

爸爸和我的身上都积了一层厚厚的雪，都已经抖落了好几次了。

当我又一次抖落身上的积雪时，突然远处射过来了一缕强光，是车！爸爸闻声就抖落了身上的雪，雪还未落地，爸爸就到了路边伸手示意要打车，我二话不说也在路边招起手来。为了能让车主看到我在招手，我尽量将招手的每一个动作都做得淋漓尽致，爸爸的眼中充满了希望的光。

透过正在向大地俯冲的雪花，车渐渐地近得可以看清了，可这并不是出租车！爸爸还是坚持挥着手想要让车停下，然而车主并没有理会我们，车子从我们面前飞驶而去。

那一刻，我不知道爸爸的内心是什么感受，但我是已经绝望了。我巴不得早点回家，裹住毯子，看着电视，吃着热乎乎的饭菜……爸爸开始决定步行到车站，虽然我们离车站并不是很远，但天还在下着大雪，这使得我连走路的信心顿时也灰飞烟灭了。

雪越下越大，天黑得比以往更早了，我和爸爸却还在公路边，背着沉重行李，深一步，浅一步，走着。

再一次，从我们身后驶来一辆车，我和爸爸早已失去了挥手的力量。突然，轿车在我们前方戛然停下。

我和爸爸心中莫名地兴奋起来。还没等我和爸爸缓过神来，车主已从车上匆匆下来，跑到我们身边，二话不说就把我们的行李抢到了车上。开始我以为是爸爸遇到了熟人了，可爸爸却满脸迷惑。难道不是爸爸的熟人？难不成是黑心的出租车司机，想要先下手为快，最后好好地敲诈我们一笔？我开始紧张起来，"喂，还不快上车！车上有空调。"车主朝我和爸爸热情地喊道。他说话的声音很洪亮，我可以感觉到他并不是一个我想象中的黑心司机。我的内心突然变得温暖了起来。我和爸爸顾不得许多，赶忙上了车，心中是疑惑满满。

在车上，爸爸开始和他搭话："你想要干吗？"他却开口大笑说："别误会，我只是想帮一下你们的忙。看你们背着行李，你们是要去车站吧？"爸爸和我都放下了心里的防备，大家开始聊了起来。

"是的，开始我差点以为你是什么不法分子。""有这么恐怖吗？哈哈哈"

……

那一刻，不大的车厢内充满着无限的温暖，这温暖也溢满了我和爸爸的心。

到了车站，爸爸想给他钱作为他帮我们忙的费用，出乎意料的是，他不仅没有要爸爸的钱，而且还像亲人一样，帮我们提行李，把我们送到了候车处。爸爸对他说着感谢的话，他招招手，转过身，向着出口走去。那一刻，我的心被深深地感动了，感觉在和一个关系至好的亲人分离，我的泪从眼角不争气地流了出来。

一个人来到这世界上，总会遇到值得我们去感恩、去感谢的人，而我要感谢的人就是这位我不曾知道姓名的司机，一个在我们陷入困境时给予我们如同家人一般温暖的人。

陌生的司机，谢谢你，给我的心灵带来阳光般的温暖。

# 赢在光彩中的输

贵宇航

"其实，你如果不行的话，可以选择弃权！"我坐在草地上，不作声。

"如果坚持不下去，就不要勉强自己，安全第一。"我转过头，只顾揉着自己的脚。

"安全要紧，比赛以后有的是机会。"我终于忍不住了。

"我自己的脚自己清楚，相信我。"我穿上鞋子，向跳远场地走去。

给生活涂上果酱

160

一阵呐喊声过后，比赛的热浪也弥漫在跑道上。之前，都不觉得一双脚有如此沉重。但，这一刻，右脚不由地感到些许阵痛。风不大，但吹在身上，使人打上几个寒战。

我随之开始做热身运动，陪在旁边的同学虽然期望我得第一名，但还是担心我的脚伤，所以他们希望少动一些，免得再火上浇油。"就算，没有第一名也无所谓了。"他一次次地安慰我。但，倔强的我是疯狂的，甚至可以不顾一切。同时，我也毅然接受了他人的挑战，在预备区换上跑钉鞋，准备出发。

对手不慌不忙地准备着。他出发了！顿时，似箭般飞奔出去，强有力的腿部肌肉承载着他。一步，两步，三步！他飞跃沙坑，在空中划过一道绚丽的弧线。说实在话，真心完美。我揉着脚，闷不作声。

轮到我了。"准备好了吗？"裁判员问我。我向裁判员做了一个手势。来吧！我尽全身最大的力气去起跑，没几步，脚上的疼痛好比有千万根银针刺向我的腿部神经。上腿第一步，"啊——"疼痛从脚尖传向我身体的每一处神经。右腿虽紧绷着，但右脚已经颤颤巍巍。第二步，左脚拼出最大的力量。疼痛间接传向右脚，不知是不是痛的原因，右脚不由地软了下来。第三步，上腿，"啊——"我的双膝重重地砸在沙坑里。两只脚好像生了根，怎么也拔不出来。最后，我艰难地站起身，走出沙坑。

结果是，我输了，我输给了对手。而对手没有丝毫嘲讽的意思，而是一直关心着我的脚伤。虽然，我输给了对手，但，输的只是飞跃沙坑的米数。而获得的，是勇敢参赛的不后悔。虽不是耀眼的第一名，但我赢得了自己的尊严。

赢得人生，输了比赛，但又何妨。只要拼尽自己最大的力量。哪怕，我被人踩在脚底下，虽只是脸面上的不光彩，但我的尊严却可以举得很高很高。

输，不单单只是输，在输的背后，我赢得光彩，这是赢在光彩中

# 因为你，我与世界温暖相拥

王　璐

　　一个孩子，一个骄傲还有些自大的孩子，一个因一点儿困难而放弃的孩子，一个孤傲自卑的孩子，是从前的我。

　　不喜欢花，不喜欢草，更不喜欢什么琴棋书画，只是一个天天只求饱食终日、作业写完交差的孩子。也许我也只是在逃避吧！不过，一个小玩具却使我与世界温暖相拥。

　　寒假里，我喜欢窝在被子的余热中迟迟不肯出来，想着这一个假期最好就那么过去了吧。一天，出门买早饭的妈妈回来了，还带回来一个木做的小玩意儿。

　　我迟疑了一会儿，问："妈，这是什么？"

　　"孔明锁，"她顿了一下，说，"给你玩的。"

　　我慢吞吞地吃早饭，心想着这肯定不是个好东西，至少是个烦人的玩意儿，还是吃慢点等妈妈走了继续躲在床上保险一点儿。我板滞着脸，一点一点地吃着，怕是吃得太急了，不小心会一口吞下。可是妈妈还没有要走的意思。好容易等我吃完了早饭，妈妈立刻说："孔明锁是给你的，你好好玩，争取今天解开它。"

　　"啊？这种简单的小玩具我不大适合，你看我已经大了，怎么会要这种幼稚的小玩具？"我毫不含糊对答。这个东西，看起来真的很简单。

"哼，那就看看你的本事了。"她挑了一挑眉，甩着头发走了。

我便开始钻研起这个小玩意儿了。还别说，这好像是真的不简单。我反复摆弄，就是脱不开。时间一久，我立刻烦躁了起来，想要借考蛮力使它们分离，但终不行。我，放弃了。继续躲在被子里，用这个温暖的小世界来依靠。

各位读者，你们无法相信我妈妈进来看见我的情状，感觉她的整个头发都竖起来了，像一只随时都会发怒的猫。只要轻轻一碰，她绝对会冲上前来与你鏖战一番。她几乎是冲到我床前的，用极其愤怒的声音吼道："王璐，我让你好好把它解开，你现在在干吗？"我漠视妈妈，翻了个身，继续装睡。

"你，你，你……"我听出妈妈的愤怒了，因为她生气的时候还带着哼哧哼哧的喘气声。

"解不开，我解不开。"我懒洋洋地扔下几个字。

"这不是理由，不是你的借口。你不去试试怎么知道。这才过了十分钟，你要耐起性子，克服困难，不要为了那么一点小事而灰心丧气，心灰意懒……"可能是消气了，语气慢慢舒缓来。

"不行，我说了我做不到的，这个很难，我不会。"这次换作是我愤怒了。

可是她一把把我从床上拽起，让我坐在床边给她摆弄是怎么个解不开。外面冰冷的寒意使我有些清醒，眼泪不争气地往外流。我对着冰冷的世界。

几个小时过去，我竟不知不觉间把锁解开了。

"看吧，只要功夫深，铁杵磨成针。"妈妈微笑着说。

不知怎么，竟然感觉周围暖和起来了。

一个人，一个温暖而细心的人，一个不会为一些难事而灰心丧气的人，一个自强不息的人，这是现在的我。

因为孔明锁，因为母亲，我与世界温暖相拥。

# 写给时光的感谢信

徐婕妤

亲爱的时光先生：

你好！这一年，我十三岁。这是你给我的年轻的危机重重的年纪，带着浓郁的浮躁与叛逆渐渐逼近，常让我有一种手无寸铁的慌张，但我也对这个年纪的仓皇快感着迷。

突然想向你讨一味初色的美，于是慢吞吞地走到田埂上。初秋清朗的空气很舒服，晚晴的黄昏被云霞拉得无限漫长，残阳的余晖漫过山林千里迢迢而来，我站在有些枯黄的柔软的草皮上，冷风突然灌进了单薄的衣服里，脆弱拘谨的年纪总有很多没来由的情绪。我突然就哭了，莫名地心慌如焚。摇摇欲坠的梦境猛地被冷风击碎，我也好像被风瞬间吹散。这是你带给我的慌张，我恍惚地显出浮躁的姿态，空荡荡的世界盛满了孤独，层层叠叠，一次又一次地漫涌过来。孤独穿过我十二岁的躯壳，投奔向茫无终点的未来。

热泪沸腾，我蹲坐下来环抱住自己的膝盖，眼泪哗哗地掉落。我哭得轰轰烈烈，肆意地哭喊出了所有的压抑与不安。撕心裂肺的哭令我的天地失去颜色，从黄昏哭到夜幕降临的我脑袋发昏，一站起来险些跌倒。于是，恍惚间看见你远远地朝我优雅微笑，说不清道不明的意味。泪水让我想起身体里有一片海。

昏暗的灯光下，我就这么站着，透过泪眼朦胧，看到了夜色极处出现的清浅的银河，星光坠落，目光便再也收不回来。绵亘的星河与漫山遍野的寂静那么相衬。我又看见了你遥远的笑脸，撑起了深不可测的夜，充满了生命的质感。

你一丝一丝地凝固了天地，然后渐渐地朝我走来，带着意味不明的笑。你带我看穿越指间的电影。

电影的主角，是我。

电影中的我，面对令人头痛的试卷固执又倔强地一遍遍攻克，面对狼藉的厨房会打理着给自己做饭，面对未尝试过的事情永远敢去试试，带着郑重其事的认真与坚定在生活。我是那个眼里长着太阳，笑里全是坦荡的姑娘，你使我学会独立坚强，学会用力地生活。我是这个泪眼蒙眬的姑娘，红着眼眶哭过一场后仍会扬起笑脸镇定从容地大步向前。你告诉我你不能治愈一切，我得学会自己治愈自己，治愈过后是更强大的心脏。

你给我看了第二部电影。电影的主角，还是我。

我看见，我背单词时，阿拉斯加的鳕鱼正跃出水面；我做数学时，太平洋彼岸的海鸥振翅掠过城市上空；我晚自习时，极图中的夜空散漫了五彩斑斓。你对我说："你别着急，在你为自己的未来踏踏实实地努力时，那些你感觉从来不会看到的景色，那些你觉得终生不会遇到的人，正一步一步向你走来，你的奋笔疾书是为了尚未可知的未来，为了了解远方陌生而绮丽的生命轨迹。"你嘴角的笑容蓦然照亮了我的天地。

这一次，你告诉我不要害怕孤独，孤独的人有发烫的灵魂。我会心一笑，那么我便不怕孤独，但我又怕不清醒，怕没梦想，怕力不从心。你说："那么便终其一生去凛冽成长，寻找心的安定。"

终其一生去凛冽成长。

世界一丝一丝地融化开来，我独立在田埂上，黄沙柔软沦陷，尘土飞扬起来。我几乎感到身体在舒张，久违的愉悦。在缄默不语时，反而听到了全世界。我觉得自己像极了在无人的寂静中生长的藤蔓，沿着生命的脉络蔓延。岁月为鉴。

仓皇的年纪里，你教会我自立自知，这会是我生命中支配性的力量。那还是十三岁的我。且成长，且感恩。

我知道了，你会在未来等我。谢谢你，亲爱的时光先生！